PRAG

MARGIT KOHL

Der perfekte
MÄDELSURLAUB

Inhalt

Oh Prager Frühling
Geschichtsträchtig, erfinderisch und wandlungsfähig

Das Zentrum 12
Altstadt, Jüdisches Viertel und Josefstadt

Altstädter Ring: mitten im Zentrum
Klára Nademlýnská: Mode voller Fantasie
Jan Paukert: Schnittchen auf Tschechisch
Mystic Temple: im indischen Massagetempel
Al Capone's: die Sorgen im Alkohol ertränken
Residence Karolina: wohnen wie ein Prager

Kultur 16 • Shopping 24 • Restaurants & Cafés 30
Wellness 36 • Ausgehen 38 • Übernachten 44

Der Westen 46
Entdeckungstour auf der Kleinseite

Prager Burg: Must-See in der Stadt
Fork & Cork: das Paradies für Gourmets
Klosterbrauerei Břevnov: Biervielfalt probieren
Thai World: Yoga-Massagen genießen
Le Mirage: Rum schlürfen
Aria Hotel: musikalisch nächtigen

Kultur 52 • Shopping 58 • Restaurants & Cafés 62
Wellness 68 • Ausgehen 72 • Übernachten 76

Der Süden 80
Neustadt · Vyšehrad · Smíchov

Filmstudios Barrandov: Hollywood-Flair spüren
Antique Bazar: in Vitrinen und Regalen stöbern
Burrito Loco: Tacos & Co. rund um die Uhr

Riviera Spa & Beauty Salon: im Luxus entspannen
Phenomen: originelle Drinks schlürfen
Angelo: schlafen wie ein Engel

Kultur 84 • Shopping 90 • Restaurants & Cafés 96
Wellness 102 • Ausgehen 104 • Übernachten 108

Der Osten 110
Neustadt-Ost · Vinohrady · Žižkov

Olšany Friedhof: Frankenstein & Co. besuchen
Moser: das Glas der Könige zum Klingen bringen
Góvinda: vegetarisch schlemmen
Prince of Wellness: sich königlich kneten lassen
Bar and Books: das Angenehme mit dem Nützlichen verbinden
Fusion Hotel: in einem Riesenbett nächtigen

Kultur 116 • Shopping 122 • Restaurants & Cafés 126
Wellness 132 • Ausgehen 136 • Übernachten 142

Der Norden 144
Holešovice · Letná-Park · Stromovka-Park

Das Metronom im Letná-Park: im Takt der Geschichte
Cheesy: hemmungslos dem Käse frönen
Kumbál: Milch und Kuchen wie bei Mami
Infinit: mit Lavasteinen massiert werden
Hells Bells Beer Pub: den Rocker in sich finden
Crowne Plaza Prague: sich pompös betten

Kultur 150 • Shopping 154 • Restaurants & Cafés 158
Wellness 164 • Ausgehen 168 • Übernachten 174

Prag von A bis Z 176

Register Straßennamen 185
Register Sehenswürdigkeiten 187
Impressum 188

Oh Prager Frühling

Geschichtsträchtig, mystisch, aber auch erfinderisch: Prag verführt mit vielen Facetten, denn in der Moldaumetropole weht der frische Wind des Wandels.

Rom des Nordens«, »Goldene Stadt«, »Stadt der hunderttausend Türme« – Prag regt zum Schwärmen an. Für Johann Wolfgang von Goethe war sie sogar »der schönste Edelstein in der steinernen Krone der Welt«. Und an gekrönten Häuptern herrschte in Prag kein Mangel. Seit Kaiser Karl IV. die Türme der Burg vergolden ließ, spricht alle Welt von der »Goldenen Stadt«. Wie Rom wurde Prag auf sieben Hügeln errichtet und war zu des Kaisers Zeiten größer als Paris oder London.

Noch heute ist die Stadt eine historische Perle in Europa, denn mit ihren unzähligen Denkmälern lässt sie einen in ein lebendiges Lehrbuch der Geschichte schauen. Über die Jahrhunderte hinweg sind sich an diesem strategischen Knotenpunkt Europas böhmische, deutsche und jüdische Kultur begegnet.

Diese Stadt war aber auch immer ein Ort der Nostalgie und Mystik. Der Schriftsteller Franz Kafka bezeichnete Prag einmal als »Mütterchen mit Krallen«, verband ihn doch eine glühende Hassliebe mit seiner Geburtsstadt, die er zeitlebens verlassen wollte, die ihn aber nie aus ihren Fängen ließ. Auch der Besucher ist oft gefangen von Prags schwermütiger Ausstrahlung. In Schwarzweiß mit Weichzeichner und Nebelschwaden, so sah das Bild der Moldaumetropole lange Zeit aus, die heute höchst lebendig und farbenfroh ist.

Und natürlich ist Prag auch eine Stadt am Fluss. Die Moldau trennte lange die beiden Ufer in Burgviertel mit seinen Adeligen und die heutige Altstadt mit den Handwerkern und Kaufleuten. Der Bau der Karlsbrücke war damals ein Meilenstein, um beide Seiten zu verbinden. Ein weiterer in ihrer aktuelleren Geschichte war die politische Wende von 1989. »Niemand wird uns mehr vom Europa der Demokratien trennen. Wir leben in der Mitte Europas«, sagte Staatspräsident Václav Havel.

Veränderungen zeichnen die Stadt bis heute aus. Wo einen Monat zuvor noch ein Bürstengeschäft seinen Dornröschenschlaf hielt, ist heute ein Chlebíčky-Laden eingezogen, um im neu erwachenden Geschäftsviertel in der Mittagspause die typisch üppig belegten Schnittchen zu verkaufen. Die UNESCO sorgt sich gar wegen entstehender Hochhausbauten am Stadtrand. Dabei ist schon der historische Stadtkern, der seit 1992 auf der Weltkulturerbeliste steht, schwer zu schützen, ist er doch ein einzigartiger Stilmix verschiedenster Epochen. Nach Sehenswürdigkeiten muss man deshalb nicht lange suchen, denn in nur einer Straße kann man oft Architektur aus fünf Jahrhunderten finden.

Gleich nach der Wende kamen vor allem viele junge Leute, neugierig darauf, in Prags 1,3-Millionen-Metropole etwas Neues und Unverbrauchtes zu entdecken. Mit ihnen hielten alsbald moderne Supermärkte, Designerläden und Fastfood-Ketten Einzug, was durchaus auch von der Prager Bevölkerung begrüßt wurde. Doch allmählich besinnen sich die Einheimischen wieder mehr auf ihre eigene Küche und definieren die vormals schwere Kost von Fleisch und Knödeln ein wenig leichter, was im Zeitalter der Kalorienzähler nicht nur bei den Besuchern gut ankommt.

Die Prager halten sich für die westlichste Nation Osteuropas. Sie sind stolze Zeitgenossen und mögen es nicht, wenn man ihnen etwas zweimal erklärt. Vieles machen sie lieber nach ihrem eigenen Kopf. In sozialistischen Zeiten waren sie schließlich Meister der provisorischen Lösungen und haben aus dieser Erfahrung heraus einiges an Improvisationskunst in die heutige Zeit gerettet. In der schon zu Genüge bis zur Gleichförmigkeit globalisierten Welt entstehen von Mode und Design in Prag längst eigene Definitionen. Schon deshalb schätzen es die Einheimischen ganz und gar nicht, wenn Besucher ihre Stadt mit anderen Städten vergleichen. Schließlich ist Prag vor allem eines: absolut unverwechselbar und einfach einmalig.

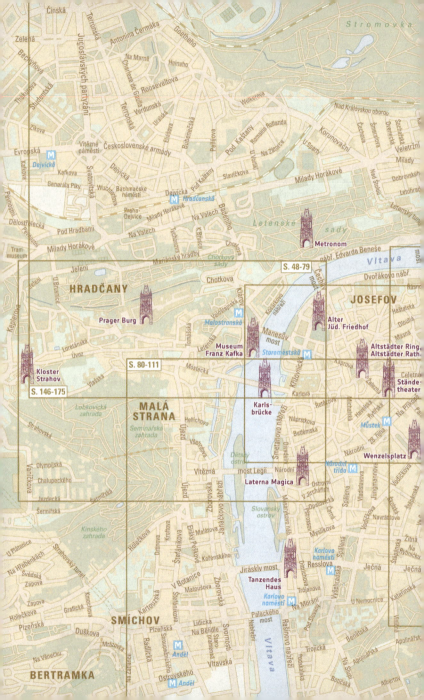

Das Zentrum

Sightseeing-Attraktionen und Shopping-Highlights direkt am Moldaubogen, in der Altstadt (Staré Město) und im Jüdischen Viertel, der Josefstadt (Josefov)

In der Prager Altstadt (Staré Město) mutet vieles wie ein Gang durch die Geschichte an. Denn im Gassengewirr am Moldaubogen war schon immer das vitalste Viertel der Stadt zu finden. Kaufleute und Handwerker hatten sich hier bereits im 10. Jahrhundert niedergelassen und König Wenzel I. verlieh der Ansiedlung 1230 das Stadtrecht. Das geografische Zentrum der Stadt reiht sich um den weitläufigen Platz am Altstädter Ring, wo sich über die Jahre viele Baustile vermischt haben. Zunächst romanisch begonnen, kamen unter Karl IV. zahlreiche gotische Bauten hinzu, die nach einer Reihe von Überschwemmungen in barockem Stil aufgestockt wurden.

Die wohl schärfste Zäsur erlebte das Altstadtzentrum 1689 durch einen Großbrand und die Sanierung des Jüdischen Viertels Ende des 19. Jahrhunderts. Denn Prager Juden bekamen in der Stadt erst 1848 die Bürgerrechte und durften erst dann auch außerhalb der Josefstadt wohnen. Als daraufhin viele wohlhabende Familien wegzogen, verfiel das Ghetto. Ende des 19. Jahrhunderts ließ die Stadt die meisten Häuser abreißen und plante einen Umbau zum modernen Stadtteil nach Pariser Vorbild. Vom ursprünglichen Viertel sind nur mehr der Alte Friedhof, das Rathaus und sechs Synagogen erhalten.

Heute hat sich die Josefstadt zu großen Teilen zu einem modernen Wohn- und Einkaufsviertel entwickelt. Die Pariser Straße (Parizská), die eine Achse zwischen Altstädter Ring und Moldau bildet, ist längst zur teuersten Einkaufsstraße der Stadt geworden, wo sich von Armani über Dior bis Zegna die luxuriösesten internationalen Labels einquartiert haben. Auch wenn es sich hier unter üppigen Baumalleen vortrefflich flanieren lässt, fehlt der Straße bisweilen doch das ganz große Flair französischer Boulevards. Heute wird das Altstadtzentrum auch kaum mehr von Einheimischen bewohnt, dafür umso mehr von Touristen besucht.

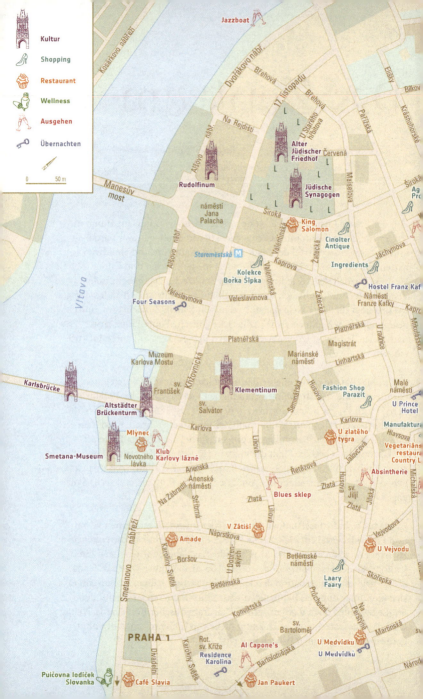

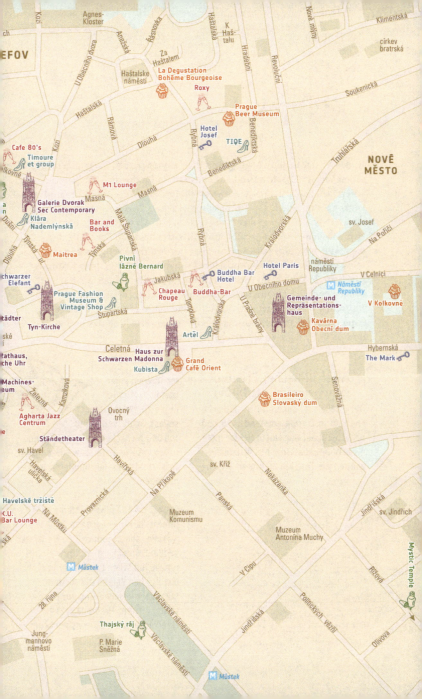

Kultur

In der Altstadt (Staré Město) und dem angrenzenden ehemaligen Jüdischen Viertel (Josefov) sind auf engstem Raum die meisten historischen Sehenswürdigkeiten Prags zu finden. Die Wege sind kurz und so kann man in einem Tag schon sehr viel sehen. In der Altstadt mutet vieles an wie ein Gang durch die Geschichte. Als Startpunkt empfiehlt sich das Gemeindehaus (Obecní Dům), das heute an der Stelle des ehemaligen Königspalsts steht. Hier beginnt der Königsweg (Královská Cesta), den die böhmischen Monarchen am Tag ihrer Krönung beschritten. Vorbei am Altstädter Ring gelangt man über die Karlsbrücke nach 2,5 Kilometern hinauf bis zur Burg. In Josefov, dem Jüdischen Viertel, darf man kein intaktes Getto erwarten. Die Sanierung Ende des 19. Jahrhunderts ließ nur den Friedhof, das Rathaus und sechs Synagogen unversehrt.

✳ Alter Jüdischer Friedhof (Starý židovský Hřbitov)

Der vielleicht bekannteste Jüdische Friedhof in Europa entstand 1478 und beherbergt auf nur einem Hektar mehr als 12 000 **Grabsteine**. Aus Platzmangel wurden die Toten in mehreren Schichten übereinander bestattet, zum Teil in bis zu zwölf Lagen, sodass man von rund 100 000 Menschen ausgeht, die hier ruhen. Auch Rabi Löw, der große Gelehrte des 16. Jahrhunderts, ist hier begraben.

Široká, 110 00 Praha 1 • Metro: Staroměstská (A) • +4 2 02 22 74 92 11 • www.jewishmuseum.cz • So–Fr Winter 9–16.30, Sommer 9–18 Uhr • Eintritt für alle jüdischen Denkmäler in sechs historischen Bauten der Altstadt: 480 CZK • Reservierung zur Hochsaison ratsam: +420 2 22 31 71 91, rezervacni.centrum@jewishmuseum.cz

Don't miss

Einen optimalen Überblick über die Altstadt, am besten von einer der Aussichtsplattformen der drei Stadttürme zu genießen: Altstädter Rathausturm, Altstädter Brückenturm an der Karlsbrücke und Pulverturm.

Kultur 17

✶ Altstädter Rathaus (Staroměstská Radnice)

Das **gotische Rathaus** wurde 1381 eingeweiht, aber sein Turm, der vor allem für seine Turmuhr weltbekannt ist, kam erst 1634 hinzu. Die Fassade zeigt das Altstädter Wappen mit der Aufschrift: »Prag, Hauptstadt des Königreichs«. Auf der Aussichtsetage des Altstädter Rathausturms unterhält ein historisch gekleideter Trompeter die Besucher.

Staroměstské náměstí 1/3, 110 00 Praha 1 ▪ Metro: Staroměstská (A) ▪ www.staromestskaradnicepraha.cz ▪ +420 2 36 00 26 29 ▪ Mo 11–18, Di–So 9–18 (historische Hallen); Mo 11–22, Di–So 9–22 Uhr (Turm) ▪ Eintritt Turm: 110 CZK, Hallen: 100 CZK, beides: 160 CZK

↑ *Musik vom Turm: Trompetenklänge sind bisweilen vom Altstädter Rathaus zu hören.*

✶ Altstädter Ring (Staroměstské Náměstí)

Der Altstädter Ring ist **das trubelige Zentrum Prags** mit dem Altstädter Rathaus, dem Huss-Denkmal, der Altstädter Nikolaus- und der Tyn-Kirche sowie vielen den Platz umgebenden Renaissance-, Barock- und Rokokogebäuden. Auf dem 9000 Quadratmeter großen Platz werden Versammlungen, Public Viewings sowie verschiedene Märkte abgehalten. In der Mitte steht das Denkmal für Jan Hus (Pomník Jana Husa), das 1915, am 500. Todestag der Ermordung des böhmischen Reformators, errichtet wurde.

Staroměstské Náměstí ▪ Metro: Staroměstská (A)

✶ Astronomische Uhr (Staroměstský Orloj)

Die Astronomische Uhr entstand ursprünglich 1410 nach Plänen des Uhrmachers, Astronoms, Mathematikers und Arztes Jan Šindel. Die Uhr zeigt die **Bewegungen von Sonne und Mond** durch den Tierkreis. Über den Tierkreiszeichen der oberen Scheibe bewegen sich mechanisch betriebene Figuren, die elf Apostel und Paulus. Insgesamt gibt es drei Zeitmessungen: am äußeren Ring wird mit arabischen Ziffern die altböhmische Zeit gemes-

↑ *Die Astronomische Uhr am Altstädter Rathaus zeigt den Lauf von Sonne und Mond durch den Tierkreis.*

sen, die aus dem Sonnenuntergang einen 24-stündigen Tag ableitet. Der mittlere Ring mit römischen Ziffern zeigt die uns vertraute Zeit. Im blauen Teil des Uhrenblatts sind nur die Stunden des Tageslichts zu sehen.

Staroměstské náměstí 1/3, 110 00 Praha 1 • Metro: Staroměstská (A) • +420 2 36 00 26 29 • www.staromestskaradnicepraha.cz

✳ Galerie Dvorak Sec Contemporary

Die großräumige Galerie im Stadtzentrum verfügt über eine mehr als zwölfjährige Ausstellungserfahrung in angesagter **zeitgenössischer Kunst** und engagiert sich in der Förderung junger, gefeierter Künstler aus USA, Großbritannien, Deutschland und Tschechien, darunter David Černý, Julian Opie und Richard Stipl.

Dlouhá 5, 110 00 Praha 1 • Metro: Staroměstská (A) • +420 6 07 26 26 17 • www.dvoraksec.com • Mo–Fr 10–18, Sa 11–19 Uhr • Eintritt frei

✳ Gemeinde- oder Repräsentationshaus (Obecní Dům)

Das mit Jugendstilelementen überbordende Gebäude entstand zwischen 1906 und 1912 als **Gesamtkunstwerk** von etwa 30 zeitgenössischen Künstlern. Der bekannteste, Alfons Mucha, war einer der wichtigsten Vertreter des Jugendstils. Bekanntestes Detail ist das Mosaik von Karel Špillar über dem Eingang - »Die Hommage an Prag«. Neben einem wunderschönen Art-Nouveau-Restaurant und einem nicht minder aparten Café gibt es Versammlungsräume und Prags größten Konzertsaal für 1200 Zuhörer sowie eine sehenswerte Jugendstilausstellung.

Náměstí Republiky 5, 110 00 Praha 1 • Metro: Náměstí Republiky (B) • +420 2 22 00 21 01 • www.obecnidum.cz • Mo–So 7.30–23 Uhr • Ausstellung: 150 CZK

Kafka – Künstler, Kult und Kassenschlager

Der Schriftsteller Franz Kafka bezeichnete Prag einmal als »Mütterchen mit Krallen«, verband ihn doch eine glühende Hassliebe mit seiner Geburtsstadt, die er zeitlebens verlassen wollte, die ihn aber nie aus ihren Fängen ließ. Heute macht die Stadt wohl mit kaum einem anderen Künstler mehr Kasse als mit Kafka. Bedruckte T-Shirts, Plakate, Tassen, Anhänger und geführte Stadtspaziergänge gibt es reichlich. Kafkaesk ist bisweilen die Tatsache, dass viele Touristen ihre Spurensuche ausgerechnet im »Café Franz Kafka« in der Josefstadt beginnen, wo der Schriftsteller definitiv nie war, während sein Stamm-Café »Arco« am Masaryk-Bahnhof heute leider zur Polizeikantine umfunktioniert ist.

Nach den Schauplätzen von Franz Kafkas Lebens zu fahnden, mag noch gelingen, denn im Laufe seines Lebens hat er in mehr als zwölf verschiedenen Häusern gewohnt, wovon das vermutlich bekannteste im Goldmachergässchen auf der Burg zu finden ist. Die Spurensuche nach den Romanorten gestaltet sich dagegen recht schwierig, denn der Schriftsteller hat Prags Schauplätze zum größten Teil in eine imaginäre Topographie verwandelt. Im »Prozess« wird der Dom gerne als St.-Veits-Dom gedeutet und der Weg, den Josef K. beschreitet, soll der Königsweg über die Karlsbrücke zur Kleinseite sein. Ein so klar interpretierter Realismus ist gerade bei Kafka oft recht trügerisch, doch Touristen wollen eben klar identifizierbare Schauplätze sehen. Und so finden letztlich die meisten auch zu seiner Grabstätte auf den Neuen Jüdischen Friedhof.

Auf der Internetseite des Franz-Kafka-Museums sind alle relevanten Orte genau dokumentiert (www.kafkamuseum.cz). Führungen in deutscher Sprache bietet die Franz-Kafka-Gesellschaft an (www.franzkafka-soc.cz).

✶ Haus zur Schwarzen Madonna (Dům U Černé Matky Boží)

Das Haus gilt als Paradebeispiel des Prager Kubismus. Hier gibt es im **Museum des tschechischen Kubismus** eine ständige Ausstellung mit Werken von Vertretern des Kubismus wie Otto Gutfreund, Emil Filla, Josef Čapek und Josef Gočár, dem Architekten des Gebäudes. Wer von den klaren Linien und rechten Winkeln fasziniert ist, kann unten im Laden Kubista kubistisches Design kaufen oder eine Kaffeepause in dem ebenfalls kubistisch eingerichteten Grand Café Orient einlegen.

Ovocný trh 19, 110 00 Praha 1 • Metro: Náměstí Republiky (B) • +420 2 24 23 63 78 • www.kubista.cz • Di–So 10–18 Uhr • Eintritt: 100 CZK

✶ Image Theater

Prag gilt als Hauptstadt des sogenannten Schwarzen Theaters. Die Bühne ist komplett verdunkelt und zu sehen ist nur, was ultraviolettes Licht auf weißen oder neonfarbenen Gegenständen oder Kostümen zum Leuchten bringt. Bei dieser besonderen Form des **Illusionstheaters** kommen nur Pantomime und Musik zum Einsatz, ideal für Gäste, die kein Tschechisch verstehen. Zum Glück wird auf jeglichen Klamauk verzichtet.

Pařížská 4, 110 00 Praha 1 • Metro: Staroměstská (A) • +420 2 22 32 91 91 • www.imagetheatre.cz • Mo–Fr 9–20, Sa 10–20 Uhr • Eintritt: 480 CZK

✶ Jüdische Synagogen

Die Pinkas-Synagoge (Pinkasova Synagóga) unweit des Alten Jüdischen Friedhofs stammt von 1479. An ihren Wänden stehen die Namen von 77 297 Holocaust-Opfern. Die Altneu-Synagoge (Staronová Synagóga) aus dem Jahr 1275 ist **Europas älteste Synagoge**. Sie wird bis heute aktiv von den Prager Juden genutzt. Sie beherbergt den Stuhl des Rabbi Löw. Die Spanische Synagoge wurde erst Mitte des 19. Jahrhunderts im maurischen Stil mit einem goldglänzenden Saal erbaut und steht in einem eigentlich vom Judenviertel abgetrennten Gebiet in der Vězenská 1 an Stelle der ältesten, nicht mehr erhaltenen Synagoge Prags, der Altschul. Auch das Jüdische Rathaus (Židovská Radnice) wird bis heute genutzt: Das Bauwerk von 1577 ist Sitz der jüdischen Gemeindeverwaltung in Prag und beherbergt ein koscheres Restaurant.

Široká, 110 00 Praha 1 • Metro: Staroměstská (A) • +420 2 22 74 92 11 • www.jewishmuseum.cz • So–Fr Winter 9–16.30, Sommer 9–18 Uhr • Eintritt für alle jüdischen Denkmäler in sechs historischen Bauten der Altstadt: 480 CZK • Reservierung zur Hochsaison ratsam: +420 2 22 31 71 91, rezervacni.centrum@jewishmuseum.cz

Kultur 21

✶ Karlsbrücke (Karlův Most) und Altstädter Brückenturm (Staroměstská Mostecká Věž)

Der Altstädter Brückenturm markiert das Ende der Altstadt und den Beginn der mehr als 500 Meter langen Karlsbrücke. Seit dem 14. Jahrhundert verbindet sie Altstadt und Kleinseite und gehört zu den ältesten noch erhaltenen **Steinbrücken** in Europa. Das nationale Kulturdenkmal ist eines der Wahrzeichen von Prag und Teil des Krönungswegs der böhmischen Könige. Die 30 Heiligenstatuen auf der Brücke wurden ab 1628 nach und nach aufgestellt. Alle Figuren sind heute Repliken, die Originale stehen im Lapidarium, einer Dependance des Nationalmuseums. Am bekanntesten ist der heilige Nepomuk, der 1393 von der Brücke gestürzt wurde, weil er das Beichtgeheimnis nicht brechen wollte. Seine Statue zu berühren, soll Glück bringen. Daher glänzt er im Vergleich zu den anderen Figuren an manchen Stellen mehr.

Karlův most, 110 00 Praha 1 • Metro: Staroměstská (A) • +420 724 70 69 41 • www.prazskeveze.cz • April–Sept. tgl. 10–22, März, Okt. 10–20, Nov.–Febr. 10–18 Uhr • Eintritt: 75 CZK

Die Karlsbrücke ist ein begehrtes Fotomotiv. Nur wer früh aufsteht, hat es ganz für sich alleine. →

✶ Klementinum

Der ehemalige Sitz der Jesuiten aus dem 16. Jahrhundert ist der zweitgrößte geschlossene Gebäudekomplex in Prag mit fünf Höfen, drei Kirchen, Schule und Sternwarte. Er beherbergt die **Nationalbibliothek** und einen herrlichen, aber stets abgedunkelten Lesesaal mit wunderschönen alten Globen. Leider darf man nicht fotografieren. In den Kirchen finden klassische Konzerte statt.

Křižovnická 190/Karlova 1/Mariánské nám. 5, 110 00 Praha 1 • Metro: Staroměstská (A) • +420 2 22 22 08 79 • www.klementinum.com • Mo–So 10–19 Uhr • Eintritt Bibliothek: 150 CZK

✶ Rudolfinum

Das Neorenaissancegebäude aus dem Jahr 1884 ist das **Stammhaus der Tschechischen Philharmonie**. Nach dem Zweiten Weltkrieg diente es kurzzeitig als Sitz des Parlaments (nur zu Veranstaltungen geöffnet). Das zweiwöchige Musikfestival »Prager Frühling« ab Mitte Mai gehört zu den

Höhepunkten für Fans von klassischer Musik, Ballett und Oper. Im Haus gibt es auch eine Kunstgalerie mit hochkarätigen Wechselausstellungen und ein schönes Café.

Alšovo nábřeží 12, 110 00 Praha 1 • Metro: Staroměstská (A) • +420 2 27 05 92 27 • www.ceskafilharmonie.cz

✳ Sex-Machines-Museum

Auf drei Etagen gibt es mehr als 200 Objekte und mechanische Erotik-Apparate **rund um das Thema Lust** zu sehen, eine Kunstgalerie mit erotischer Thematik, ein Kino mit alten erotischen Filmen und erotische Bekleidung.

Melantrichova 18, 110 00 Prag 1 • Metro: Staroměstská (A) • +420 2 27 18 62 60 • www.sexmachinesmuseum.com • tgl. 10–23 Uhr • ab 18 Jahren • Eintritt: 250 CZK

✳ Smetana-Museum (Muzeum Smetany)

In der Ausstellung geht es um **klassische Musik der Romantik** und das bekannteste Werk des böhmischen Komponisten Bedřich Smetana: »Die Moldau« aus dem sinfonischen Zyklus »Mein Vaterland«. Der Eingang liegt direkt am Ufer der Moldau mit Blick auf die Kleinseite und den Hradschin.

Novotného lávka 1, 110 00 Praha 1 • Metro: Staroměstská (A) • +420 2 22 22 00 82 • www.nm.cz • Mi–Mo 10–17 Uhr • Eintritt: 50 CZK

✳ Ständetheater (Stavovské Divadlo)

Bald nach seiner Eröffnung ging das Theater 1787 mit der Uraufführung der Oper »Don Giovanni« von Wolfgang Amadeus Mozart in die Musikgeschichte ein. Etwa 200 Jahre später drehte Miloš Forman hier Szenen zu seinem Film »Amadeus«. Heute stehen knapp 700 Plätze für **Ballett-, Schauspiel- und für Mozart-Aufführungen** zur Verfügung.

Ovocný trh 1, 110 00 Praha 1 • Metro: Náměstí Republiky (B) • +420 2 24 90 14 48 • www.narodni-divadlo.cz

✳ Tyn-Kirche (Kostel Týnem)

An der **gotischen Kirche** wurde bis 1365 gebaut. Ihre beiden mächtigen und markanten Türme, an deren Spitzen viele kleine Türmchen haften, sind mit ihren 80 Metern Höhe zu einem Wahrzeichen Prags geworden. Besonders nachts, wenn sie beleuchtet sind, dominieren sie den ganzen Altstädter Ring.

Celetná 5, 110 00 Praha 1 • Metro: Staroměstská (A) • +420 2 22 31 81 86 • www.tyn.cz • Di–Sa 10–13 und 15–17 Uhr

Die markanten Türme der Týn-Kirche (oben) im Feuerwerkslicht. Das Rudolfinum (unten) ist Stammhaus der Tschechischen Philharmonie.

Shopping

Wer auf Shoppingtour im Altstadtzentrum die touristische Hauptverkehrsader zwischen Karlsbrücke und Altstädter Ring meidet und sich in die Seitengassen begibt, ist auf dem besten Weg, gute Geschäfte jenseits des Nepps zu finden. Für Mode-Individualisten ist besonders das Viertel Josefov zu empfehlen, wo sich viele der aufstrebenden tschechischen Modedesigner niedergelassen haben. Über Prags edelste Einkaufsmeile, die Pariser Straße (Pařížská), lässt es sich wunderbar flanieren, aber die Luxuslabels von Armani bis Zegna sind in Prag in der Regel wegen der zahlungskräftigen russischen Klientel noch teurer als zu Hause.

✳ Agent Provocateur

Die Boutique mit originellen **luxuriösen Dessous** residiert in der teuersten Einkaufsstraße Prags, der Pařížská. Neben Unterwäsche gibt es auch Bademode, Nachthemden und Pyjamas, Strumpfhosen und Kosmetik. Joseph Corré (der Sohn von Vivienne Westwood) und Serena Rees, die Gründer der Marke Agent Provocateur, haben mehr als 30 Geschäfte in der ganzen Welt.

Pařížská 12/120, 110 00 Praha 1 ▪ Metro: Staroměstská (A) ▪ +420 2 22 31 02 31 ▪ www.agentprovocateur.com ▪ Mo–Fr 10–19, Sa 12–19, So 12–18 Uhr

✳ Artěl

Artěl verkauft luxuriöses **tschechisches Kristallglas**, das längst in der ganzen Welt berühmt ist. Artěl hat sich auf mundgeblasenes und handgeschliffenes Glas spezialisiert. Die Produkte sind kleine Kunstwerke und im Haushalt einsetzbar. Neben der Kristallkollektion gibt es Bijouterie, Antiquitäten und Schmuck.

Flagship Store: Celetná 29 (Eingang bei Rybná), 110 00 Praha 1 ▪ Metro: Náměstí Republiky (B) ▪ +420 2 24 81 50 85 ▪ www.artelglass.com ▪ Mo–So 10–19 Uhr

✳ Bohème

Die Designerin Jana Stocklassová produziert zweimal im Jahr eine **exklusive Modekollektion** für moderne Frauen, die nach hoher Qualität und Individualität verlangen. Für ihre Marke sind Pullover, Rollkragen, Cardigans und Röcke typisch, aber sie kreiert

Shopping 25

auch Handtaschen und Schmuck. Frauen sollen sich mit ihrer Mode einzigartig und selbstbewusst fühlen, ob zu Hause, auf einer Party oder im Büro.

Dušní 8, 110 00 Praha 1 • Metro: Staroměstská (A) • +420 2 24 81 38 40 • www.boheme.cz • Mo–Fr 11–19, Sa 11–17 Uhr

✶ Cinolter Antique

Im Jüdischen Viertel hat eine der renommiertesten Firmen Tschechiens für **Antiquitäten** ihr Geschäft. Es führt vor allem Schmuck mit wertvollen Steinen, aber auch Bilder, Glas, Porzellan und Armbanduhren. Noch am Tag des Einkaufs kann man hier die Ringgröße ändern und sich den Schmuck ins Hotel liefern lassen.

Maiselova 9, 110 00 Praha 1 • Metro: Staroměstská (A) • +420 2 22 31 98 16 • www.antiquesprague.cz • Mo–So 9.30–19 Uhr

✶ Fashion Shop Parazit

Dieser Shop führt limitierte Kollektionen preisgünstiger, origineller und extravaganter Modelle junger tschechischer und slowakischer Designer. Provokante Streetwear und **einzigartige Retrostücke** für Leute, die gerne auffallen. Sexy Schnitte, freche Farben, geistreiche Bekleidung und Accessoires, die jeden Kleiderschrank erfrischen.

↑ *Buntes Glas im weißen Laden: Das Artěl verkauft luxuriöse tschechische Kristallkunstwerke.*

Karlova 25 (in der Passage Alternatiff Area), 110 00 Praha 1 • Metro: Staroměstská (A) • +420 7 31 17 15 17 • www.parazit.cz • Mo–Sa 11–20 Uhr

✶ Havelské tržiště

Der Markt Havelské tržiště gehört zu den ältesten in der Stadt. Er stammt aus dem Jahr 1232. Hier kann man **schöne Geschenke** und Souvenirs aus Prag kaufen, z. B. handgefertigtes tschechisches Glas, Glasschmuck, Oblaten und Holzspielsachen. Allerdings gibt es hier auch immer noch Gemüse- und Obststände.

Havelske Náměstí, 110 00 Praha 1 • Metro: Můstek (A, B) • ganzjährig Mo–Fr 9–17 Uhr

Das Zentrum

✳ Ingredients

Hier wird man bei exklusiven **Parfüm- und Kosmetik-Produkten** von Nischenfirmen fündig. Marken wie Byredo, Comme des Garçons, LM Parfums, Histoires de Parfums, Escentric Molecules, Boadicea The Victorious oder Sisley stehen zur Auswahl. Außerdem werden auch spezielle Gesichtsmassagen angeboten.

Jáchymova 2, 110 00 Praha 1 ▪ Metro: Staroměstská (A) ▪ +420 2 24 23 94 77 ▪ www.ingredients-store.cz ▪ Mo–Fr 10–19, Sa 11–18 Uhr

✳ Klára Nademlýnská

Die Modelle von Klára Nademlýnská verbinden eleganten und sportlichen Stil und vereinen das Praktische mit dem Fantasievollen. Ihr **Modedesign** ist zeitlos, aber trotzdem individuell und ideenreich.

Dlouhá 3, 110 00 Praha 1 ▪ Metro: Staroměstská (A) ▪ +420 2 24 81 87 69 ▪ www.klaranademlynska.cz ▪ Mo–Fr 10–19, So 10–18 Uhr

✳ Kolekce Bořka Šípka

Die Kollektion von Bořek Šípek bietet **einzigartige Glasgegenstände**, wie z. B. Vasen, Lampen und Lüster von hoher Qualität. Für den Besuch des Showrooms der Design Lounge Bořek Šípek in der Straße Sněmovní muss man vorher einen Termin vereinbaren, deshalb ist es komfortabler, direkt ins Geschäft in Valentinská zu gehen.

Valentinská 11, 110 00 Praha 1 ▪ Metro: Staroměstská (A) ▪ +420 6 02 32 21 69 ▪ www.boreksipek.com ▪ Mo–Fr 10–18, Sa, So 11–17 Uhr

---

Geht gar nicht

Im Stadtzentrum ist alles leicht zu Fuß zu erreichen, sofern man die High Heels in der Shoppingtüte lässt: Bequeme Schuhe sind auf dem reichlich vorhandenen Kopfsteinpflaster und den Straßen mit vielen Schlaglöchern unerlässlich.

Shopping 27

✴ Kubista

Dieses **Designgeschäft** befindet sich im Erdgeschoss des Hauses »Zur schwarzen Madonna« (U Černé Matky Boží), das zu den berühmtesten kubistischen Gebäuden der Welt gehört. Hier kann man sorgfältig restaurierte Stücke und Repliken des Kubismus, Art-déco-Möbel, Dekorationen, Keramik und Schmuck kaufen. In den oberen Stockwerken gibt es das Museum des tschechischen Kubismus und das im kubistischen Stil gehaltene Kaffeehaus Grand Café Orient zu entdecken (S. 31).

Dům U Černé Matky Boží, Ovocný trh 19, 110 00 Praha 1 • Metro: Náměstí Republiky (B) • +420 2 24 23 63 78 • www.kubista.cz, Di–Sa 10–19, So 12–19 Uhr

✴ Laary Faary

Die Boutique im Stadtzentrum bietet eine originelle und einzigartige Auswahl an peppiger Bekleidung und Accessoires der Marke Laary Faary. Mit solch **auffälliger Streetwear** verschwindet man definitiv nie unsichtbar in der Menge. Die Kollektion wird in Tschechien entworfen und produziert.

Der Havelské-tržiště-Markt ist einer der ältesten in Prag, der auch handgefertigte Souvenirs führt. →

Na Perštýně 17, 110 00 Praha 1 • Metro: Můstek (A, B) • +420 7 76 87 77 44 • www.laaryfaary.cz • Mo–Fr 11–19 Uhr • Rock ab 500 CZK

✴ Manufaktura

Manufaktura bietet **Geschenkideen** aus tschechischer Produktion – handgemachtes Holzspielzeug, Geschenkboxen, aber auch Naturkosmetik und Naturseifen, die aus typisch tschechischen Naturprodukten gefertigt sind, z. B. aus tschechischem Bier, mährischem Wein, Mineralsalz aus Karlsbad und Heilkräutern.

Melantrichova 17, 110 00 Praha 1 • Metro: Můstek (A, B) • +420 2 30 23 43 76 • www.manufaktura.cz • Mo–So 10–20 Uhr

↑ *Natur pur: Manufaktura hat sich auf Kunsthandwerk und Kosmetik aus lokaler Produktion spezialisiert.*

✴ Prague Fashion Museum & Vintage Shop

Freundinnen von Vintage-Mode werden sich in diesem Laden und Museum, der sich in einem historischen Gebäude befindet, wie im Paradies fühlen. Verkauft werden Bekleidung, Schuhe, Handtaschen, Schmuckstücke und Accessoires aus der Zeit zwischen den 1920er- und 1980er-Jahren. Erfahrene Modeprofis wählen die einzigartigen **Unikate** aus.

Štupartská 3, 110 00 Praha 1 • Metro: Náměstí Republiky (B) • +420 775 07 63 26 • www.prague fashionmuseum.com • Di–Sa 11–18, So 12–18 Uhr • Rock ab 570 CZK

✴ Timoure et Group (TEG)

Die anerkannte und kreative **tschechische Modemarke** ist wegen ihrer einzigartigen Verbindung von klassischem Design und aktuellen Modetrends interessant. TEG stellt für jede Jahreszeit exklusive Modelle vor, neben Bekleidung auch Lederwaren und Accessoires. Die Marke ist seit 1992 auf dem tschechischen Markt.

V Kolkovně 6, 110 00 Praha 1 • Metro: Staroměstská (A) • +420 2 22 32 73 58 • www.timoure.cz • Mo–Fr 10–19, Sa 11–17 Uhr • Martinská 4, 110 00 Praha 1 • Metro: Můstek (A, B) • +420 2 24 24 07 37 • www.timoure.cz • Mo–Fr 10–19 Uhr

✴ TIQE

Die **Mode** von Petra Balvínová, die diese Boutique 2006 gegründet hat, begeistert Frauen und Mädchen, die modern, aber sehr weiblich aussehen wollen. Die Designerin verwendet gern Elemente wie Rüschen und Bauschärmel und ist bekannt für zarte weibliche Formen.

Benediktská 9, 110 00 Praha 1 • Metro: Náměstí Republiky (B) • +420 6 08 51 96 56 • www.tiqe.cz • Mo–Fr 10–19 Uhr

Die tschechische Variante der Haute Couture

Die Pragerinnen sind Meisterinnen der Improvisation. Sie verändern schon lange Vorlagen von Top-Designern nach ihrem individuellen Geschmack und interpretieren gängige Trends mit eigenen Varianten der Haute Couture. Denn die tschechische Modewelt hatte zu sozialistischen Zeiten den Kontakt zu den westlichen Modezentren verloren und verblasste zusehends. Von der früheren Tradition der etablierten Modesalons Rosenbaum und Podolská, die es noch bis Anfang des 20. Jahrhunderts gab, konnte wenig überdauern. Die Prager Designer haben einiges an Improvisationskunst in die heutige Zeit gerettet und präsentieren ihre Kreationen regelmäßig bei Heimspielen auf der Prager Fashion Week.

Prag ist als aufkeimende Modemetropole im Moment noch ein kleiner Geheimtipp für alle, die ihre Individualität durch Mode ausdrücken, aber nicht dem Mainstream folgen wollen. Wer seine Garderobe durch ausgefallene Modelle mit persönlicher Note ergänzen möchte, sollte nicht in den bekannten Luxusboutiquen auf der Pařížská auf die Suche gehen, sondern sich besser in den Designerläden in den Gassen um die Dušní und Dlouhá im Stadtteil Josefov umsehen.

Im Gassengewirr von Josefov wird in engster Nachbarschaft u. a. Designermode von Jana Stocklassová von Bohème, Klára Nademlýnská, Hanny Havelkové, Navarila-Design und der Timoure et Group präsentiert. Auch bei Helena Fejková, einer der stilprägenden Damen des Prager Modegeschehens in der Martinská, und bei Denisa Nová (DNB), der zur Zeit erfolgreichsten Modedesignerin Tschechiens in der Náprstkova, sollten Modeinteressierte unbedingt vorbeischauen. Ein Streifzug durch die kleinen Modeboutiquen lohnt allemal, auch wenn sich die Stadt bislang noch nicht als internationale Modehochburg etabliert hat: Eine eigene Note und eine erstarkende Designerkultur besitzt sie auf jeden Fall.

Restaurants & Cafés

Im Zentrum gibt es Restaurants und Cafés wie Sand am Meer. Wenn man schon die große Auswahl hat, sollte man sich keinesfalls von den vielen Werbern auf der Straße einfangen lassen. Sie stellen sich den Passanten bereits auf dem Bürgersteig in den Weg und wedeln mit mehrsprachigen Speisekarten, um die Lokale mit Laufkundschaft zu füllen. In den letzten Jahren haben auch immer mehr vegetarische Lokale eröffnet; von Pizzabäckern bis zu Thaiwok-Schwenkern werden Gerichte für alle Geschmäcker zubereitet. Besonders bei den Caféhäusern hat Prag eine jahrhundertelange Tradition, die sich weder vor Wien, noch vor Paris verstecken muss. Neben Atmosphäre und leckerem Kaffee und Kuchen gibt es dort inzwischen auch sehr gute Hauptgerichte.

✴ Amade

Ein frisch renovierter Barockpalast, in dem schon Wolfgang Amadeus Mozart wohnte, beherbergt das Restaurant und Café Amade. Weil Mozart von seinen Freunden Amade genannt wurde, nannte sich auch das Restaurant so. Hier gilt es nicht nur das Interieur zu bewundern, sondern auch den traumhaften Blick auf die Karlsbrücke und die Kunst des Chefkochs Radek Šubrt, der tschechische Küche und **Haute Cuisine** zubereitet.

Karolíny Světlé 34, 110 00 Praha 1 • Metro: Staroměstská (A) • Tram: Karlovy lázně (17, 18, 53) • +420 2 30 23 43 16 • www.amaderestaurant.cz • Mo–So 7–23 Uhr • Tagesmenü ab 98 CZK

✴ Brasileiro Slovanský dům

Für diese typisch **brasilianische Churrascaria** sollte man viel Hunger auf Fleisch mitbringen. Churrasco ist die traditionelle Art, vorwiegend Rindfleisch auf einem speziellen Grill zuzubereiten. Und Rodízio ist die dazu gehörende Art der Bedienung, bei der die Kellner zu den einzelnen Tischen kommen und Fleisch vom Spieß frisch auf die Teller schneiden. Auf dem Vorspeisenbuffet gibt es auch Fisch, Meeresfrüchte und andere brasilianische Spezialitäten von der Salatbar.

Na Příkopě 22, 110 00 Praha 1 • Metro: Náměstí Republiky (B) • +420 2 21 45 12 00 • brasileiro.ambi.cz/cz • Mo–So 12–24 Uhr • Churrasco Rodízio mit Salatbuffet (all you can eat): 295 CZK

Restaurants & Cafés 31

✶ Café Slavia

Das Café direkt gegenüber dem Nationaltheater bietet einen wunderschönen Blick auf die Burg. Schon im 19. Jahrhundert war das Slavia **Treffpunkt für Künstler und Intellektuelle**, die sich gerne unter dem großformatigen Gemälde des Absinth-Trinkers trafen. Auch der ehemalige tschechische Präsident Václav Havel kam früher regelmäßig hierher. Das Interieur ist im Art-déco-Stil gehalten. Besonders lecker sind die süßen Pfannkuchen und die heiße Schokolade, ab und an mit Klavierbegleitung.

Smetanovo nábřeží 1012/2, 110 00 Praha 1 • Tram: Národní divadlo (6, 9, 17, 18, 22, 23) • +420 2 24 21 84 93 • www.cafeslavia.cz • tgl. 8–0, Sa 9–0 Uhr • tschechische Küche ab 139 CZK, Kaffee ab 39 CZK

✶ Grand Café Orient

Im ersten Stock des Hauses »Zur Schwarzen Mutter Gottes« liegt das Grand Café Orient. Es ist wie auch das Gebäude ein Meisterwerk des tschechischen Kubismus. Die weiß-grünen Streifen auf Polstern und Vorhängen, das Mobiliar bis hin zu den Tischgedecken - alles ist aufeinander abgestimmt. Obwohl der rechte Winkel hier den Ton angibt, wirkt nichts unangenehm kantig und der Gast fühlt sich an eine **Reise mit dem legendären Orient-Express** erinnert.

Dům U Černé Matky Boží, Ovocný trh 19, 110 00 Praha 1 • Metro: Náměstí Republiky (B) • +420 2 24 22 42 40 • www.grandcafeorient.cz • Mo–Fr 9–22, Sa, So 10–22 Uhr • Minz-Schokokuchen: 105 CZK

✶ Jan Paukert

Der 1916 gegründete Feinkostladen ist eine Prager Legende, ähnlich wie »Dallmayr« oder »Käfer« in München. Jan Paukert gilt als Erfinder der üppig belegten **tschechischen Schnittchen**, Chlebíčky genannt. Es gibt sie hier in allen erdenklichen Variationen, von Ei mit Kaviar bis zu Prager Schinken auf Kartoffelsalat. Chlebíčky-Buffets gab es früher in Prag an jeder Ecke, viele sind leider Fast-Food-Ketten gewichen. Zum Glück gibt es noch Jan Paukerts Laden mit einer Theke herzhafter Häppchen und einer weiteren mit zu-

Meisterwerk des tschechischen Kubismus: Das Grand Café Orient erinnert an eine Fahrt im Orient Express. →

ckersüßen Torten. Im hinteren Bereich kann man im dazugehörenden Lokal günstig und sehr lecker essen.

Národní 981/17, 110 00 Prague 1 • Metro: Národní třída (B) • +420 2 24 22 26 15 • www.janpaukert.cz • Mo–Fr 9–20, Sa, So 9–19 Uhr • Chlebíčky ab 24 CZK

✳ Kavárna Obecní dům

Eines der schönsten Prager **Jugendstilcafés**, mit hohen Decken, großen Fenstern, Spiegeln und wunderschönen Kristalllüstern liegt im Erdgeschoss des Gemeindehauses (Obecní dům). Das Café bietet eine große Auwahl an Kaffee- und Teesorten. Abends kann man hier bei einem Glas Wein der Pianisten lauschen.

Náměstí Republiky 5, 110 00 Praha 1 • Metro: Náměstí Republiky (B) • +420 2 22 00 27 63 • www.kavarnaod.cz • Mo–So 7.30–23 Uhr • traditionelle tschechische Gerichte ab 210 CZK

✳ King Salomon

Das King Solomon ist Prags ältestes **koscheres Gourmet-Restaurant** im jüdischen Viertel. Das freundliche Personal berät Unkundige gerne bei der Auswahl der Gerichte. Gefüllter Fisch, Steaks, Humus oder Tschulert sind sehr lecker.

Široká 7/37, 110 00 Praha 1 • Metro: Staroměstská (A) • +420 2 24 81 87 52 • www.kosher.cz • So–Do 12–23 Uhr • Hauptgerichte ab 510 CZK

✳ La Degustation Bohême Bourgeoise

La Degustation gilt als das beste Speiserestaurant, das die **tschechische Küche** zu bieten hat. Das Menü ist von der exklusiven Köchin Marie B. Svobodová Ende des 19. Jahrhunderts inspiriert. Verwendet werden nur regionale und frische saisonale Zutaten. Zu jedem Gang wird sorgfältig ein korrespondierendes Getränk gewählt. Das gilt nicht nur für Wein, sondern auch für Bier und Obstsäfte. Essen als Kunsterlebnis!

Haštalská 18, 110 00 Praha 1 • Metro: Náměstí Republiky (B) • +420 2 22 31 12 34 • www.ladegustation.cz • Mo–So 18–24 Uhr • Menü 2150 CZK, begleitende Getränke 1350 CZK

✳ Maitrea

Das hübsch gestylte **vegetarische Restaurant**, nicht weit vom Altstädter Ring, ist eine ruhige Oase im hektischen

Geht gar nicht

Niemals ein Taxi direkt vor einer der Sehenswürdigkeiten nehmen, denn hier verlangen die Taxifahrer bisweilen den doppelten Preis. Besser einen Taxistand mit gelbem »Fair Place«-Schild suchen.

Restaurants & Cafés 33

Stadtzentrum. Hier gibt es eine große Auswahl an vegetarischen Spezialitäten zu günstigen Preisen. Probieren sollte man die Möhrensuppe mit Ingwer oder die vegane Linsensuppe mit Kokosmilch und Chili. Auch die heiße Schokolade gibt es mit Chili!

Týnská 6/1064, 110 00 Praha 1 • Metro: Náměstí Republiky (B), Staroměstská (A) • +420 2 21 71 16 31 • www.restaurace-maitrea.cz • Mo–Fr 11.30–23.30, Sa, So 12–23.30 Uhr • Tagesmenü ab 115 CZK

↑ *Vegetarisch und stylish: Das Maitrea ist eine ruhige Oase im hektischen Stadtzentrum.*

✴ Mlýnec

Marek Šáda ist ein ausgezeichneter junger Chefkoch, der vergessene **altrömische Spezialitäten** neu interpretiert. Er benutzt althergebrachte Zubereitungsverfahren ebenso wie die modernsten gastronomischen Methoden, um hervorragende Ergebnisse zu erreichen.

Novotného lávka 9, 110 00 Praha 1 • Metro: Staroměstská (A) • +420 2 77 00 07 77 • www.mlynec.cz • Mo–So 12–15 und 17.30–23 Uhr • Degustationsmenü: 1290 CZK

✴ Prague Beer Museum

Tschechisches Bier ist weltberühmt, in den meisten Restaurants kann man aber oft nicht mehr als zwei oder drei Biersorten bekommen. Das Prague Beer Museum dagegen wartet mit 30 **Biersorten vom Fass** aus verschiedenen kleinen Brauereien auf. Auch exotische Biere wie Indian Pale Ale, English Pale, Weizenbier und Bier mit Himbeer- oder Kaffeegeschmack stehen zur Auswahl.

Dlouhá 720/46, 110 00 Praha 1 • Metro: Náměstí Republiky (B) • +420 7 32 33 09 12 • www.praguebeermuseum.com • Mo–So 12–3 Uhr • Mittagsmenü ab 95 CZK

✴ U Medvídků

Das Brauereihotel U Medvídků in einem Haus aus dem 15. Jahrhundert ist die einzige **Brauerei**, die gleichzeitig auch Hotel ist. Im Drei-Sterne-Hotel befinden sich eine traditionelle Brauerei mit Gaststätte und ein Geschäft für Bier- und Brauerei-Souvenirs. Als Gast kann man lernen, eigenes Bier zu brauen.

Das Zentrum

Na Perštýně 7, 110 00 Praha 1 • Metro: Můstek (A, B) • +420 2 24 21 19 16 • www.umedvidku.cz • Mo–Fr 11–23, Sa 11.30–23, So 11.30–22 Uhr • Bierbrauerkurs (9 Std.): 6000 CZK

✳ U zlatého tygra

Die **typisch tschechische** Atmosphäre des Lokals zog bereits viele bedeutende Persönlichkeiten an. Zu den Stammgästen gehörten z. B. Bohumil Hrabal, einer der berühmtesten tschechischen Schriftsteller, und der ehemalige tschechische Präsident Václav Havel. Allerdings wird hier sehr viel geraucht.

Husova 228/17, 110 00 Praha 1 • Metro: Staroměstská (A) • +420 2 22 22 11 11 • www.uzlatehotygra.cz • Mo–So 15–23 Uhr • Hauptgerichte ab 150 CZK

✳ Vegetariánská restaurace Country Life

In dem **vegetarischen Bio-Restaurant** in der Melantrichova kann man sehr gut, gesund und dazu noch preisgünstig essen. Neben vier eigenen Geschäften betreibt Country Life auch eine eigene Öko-Farm, woher Biogemüse, Bioobst und Biogetreide geliefert werden.

Melantrichova 15, 110 00 Praha 1 • Metro: Můstek (A, B) • +420 2 24 21 33 66 • www.countrylife.cz • Mo–Do 10.30–19.30, Fr 10.30–15, So 12–18 Uhr • Gericht ab 90 CZK

✳ V Kolkovně

Beim Interieur setzte Architekt Jiří Hanzlík auf historische Atmosphäre. Die Hauptrolle spielt in diesem traditionellen Restaurant im Gebäude einer ehemaligen Wertzeichendruckerei das **Bier vom Fass**. Im Sommer kann man seine Gerichte und Getränke auch in einem malerischen Garten genießen.

V Celnici 4, 110 00 Praha 1 • Metro: Náměstí Republiky (B) • +420 2 24 21 22 40 • www.kolkovna.cz • Mo–So 11–24 Uhr • tschechische Spezialitäten ab 105 CZK

✳ V Zátiší

Die berühmte tschechische Designerin Barbara Hamplová sorgte hier in einer historischen Stätte für ein modernes Interieur und schuf eine recht elegante Atmosphäre. Originell und überraschend ist die **Fusionsküche**. Der Chefkoch Milan Hořejš konzentriert sich auf Varianten traditioneller tschechischer Gerichte und Mahavir Kansval aus Indien kümmert sich um die indischen Gerichte aus dem Tandoori-Ofen.

Liliová 1, Betlémské náměstí, 110 00 Praha 1 • Metro: Můstek (A, B) • +420 2 22 22 11 55 • www.vzatisi.cz • Mo–So 12–15, 17.30–23 Uhr • Zwei-Gänge-Menü 990 CZK

Logenplätze auf und im Wasser

Prag liegt geografisch in einem Kessel. Deshalb können die Sommer hier heiß und stickig werden. Bisweilen fahren dann Tankwagen durch die Stadt, um zur Kühlung Wasser auf den Straßen zu versprühen. Was gibt es also Erfrischenderes, als sich gleich selber auf oder ins Wasser zu begeben? Schließlich fließt die Moldau direkt durchs Stadtzentrum.

Auf dem Fluss ist man weit weg von den Touristenmassen und doch so nah an vielen Sehenswürdigkeiten. Der Panoramablick vom Nationaltheater bis zur Burg ist gigantisch. Ob im Holzkahn, Kunststofftretboot oder einem Tretboot in Form eines riesigen weißen Plastikschwans, von so einem mobilen Logenplatz aus lässt sich die Aussicht prima genießen. Genusspaddler bewegen sich in einem klar ausgewiesenen Gebiet um die beiden Flussinseln Slovanský und Střelecký. Und ein bisschen tut man so schließlich auch etwas für die Gesundheit: Wer eine Stunde rudert oder paddelt, verbrennt immerhin rund 500 Kalorien, die abends z. B. wieder in zwei süffige Gläser tschechischen Bieres investiert werden können.

Und wenn man schon mal in der Stadt des weltweit meistgetrunkenen Biers ist, bietet es sich an, bei einem Bierwellnessbad in einem Holzzuber zu entspannen und den Körper zu entschlacken. Nun hat sich Prag weniger als Spa-Destination einen Namen gemacht, denn als geschichtsträchtige Sightseeing-Metropole. Doch selbst mit bequemem Schuhwerk ist es in Prag mit seinem holprigen Kopfsteinpflaster fast unvermeidlich, dass am Abend ganz schön die Füße schmerzen. Zum Glück kann man die gequälten Beine dann einfach in eines der Aquarien des Thai-Wellnesscenters Thajský ráj tauchen und Zehen wie Fußsohlen von kleinen Putzerfischchen massieren lassen. Auf dem Altstädter Ring sitzt man dabei noch dazu direkt im Schaufenster und kann sich so nebenbei die schöne Hauptplatzkulisse der Stadt ansehen oder sich von Passanten als Unikum bestaunen lassen.

Das Zentrum

Wellness

Prag ist zwar keine Metropole, in der Spas und Wellness hoch im Kurs stehen, aber die internationalen Luxushotels der Stadt kommen nicht mehr ohne einen Wellness-Bereich aus. Nur fällt auf, dass sich kaum eines der Luxushäuser einen großen Pool leistet. Gewiss kommen die meisten Gäste nicht wegen der Spas in die Stadt, doch eine originelle Überraschung hat Prag in Sachen Wellness zu bieten: Was liegt für eine Stadt, die nichts auf ihr Bier kommen lässt, näher als Bier-Wellness?

✶ Libor Šula The Salon

Libor Šula gilt als Meister unter den tschechischen **Friseuren**. Er versucht, die natürliche Persönlichkeit seiner Klientinnen zu unterstreichen und sie nicht zu verändern. Er gilt als Celebrity im tschechischen Showbusiness und deshalb ist sein Salon so beliebt, dass es nötig ist, einen Termin schon einen oder zwei Monate vorher zu vereinbaren. Nichts für Kurzentschlossene!

....

Dušní 6, 110 00 Praha 1 • Metro: Staroměstská (A) • +420 2 24 81 75 75 und +420 2 24 81 18 22 • www.liborsula.cz • Mo–Fr 9–21, So 10–17 Uhr • Damenschnitt ab 950 CZK

✶ Mystic Temple

Das **Wellness-Zentrum** bietet zur Stärkung des inneres Gleichgewichts und der Harmonie Thaimassagen, kosmetische Behandlungen und indische Massagen (Abhyanga oder Shirodhara) an. Mit Friseursalon und Solarium.

....

Washingtonova 1599/17 • Eintritt: Politických vězňů 1599, 110 00 Praha 1 • Metro: Muzeum (A, C) • +420 22 17 79 51 0-2 • www.mystic-temple.cz • Mo–So 9–21 Uhr • Massage: 490 CZK

✶ Pivní lázně BBB

Schon seit dem Mittelalter sagt man **Bierbädern** entgiftende und durchblutungsfördernde Wirkungen nach. Die Kur dauert 20 Minuten, dabei liegt man nicht in reinem Bier, sondern in 37 Grad warmem Wasser, das Zutaten der Bierherstellung wie Hefe und Hopfen enthält. Während man im Holzzuber entspannt, kann man sich selbst Bier zapfen. Nach dem Bierbad folgt eine Erholungsphase in einem Heubett.

....

Wellness 37

Masná 5, 110 00 Praha 1 •
Metro: Náměstí Republiky (B) •
+420 2 22 76 26 20 •
www.pivnilaznebbbpraha.cz •
Mo–So 9–21 Uhr • Bierbad: 1900 CZK

✴ Pivní lázně Bernard

Das **Bierkurbad** gehört in Prag zu den ältesten und beliebtesten Kurbademöglichkeiten seit dem Mittelalter. Die für die Bierherstellung wichtigen Zutaten wie Hopfen, Hefe und andere Naturstoffe werden mit warmem Wasser versetzt. Während man in der Holzwanne entspannt, kann man Bernard-Bier trinken.

Týn 10 (Hof Ungelt), 110 00 Praha 1 •
Metro: Náměstí Republiky (B) •
+420 2 21 77 10 48 • www.pivnilazne
bernard.cz • Mo–So 11.30–22 Uhr •
Bierbad: 2150 CZK

✴ Půjčovna lodiček Slovanka

Der **Schiffsverleih** auf der Insel Slovanský Ostrov bietet Boote für ein bis sechs Personen, um durch Prags historisches Zentrum zu rudern oder zu treten. Besonders romantisch sind die Nachtschifffahrten mit Petroleumlaterne.

Wellness auf tschechische Art: Im Bierbad entspannt der Körper bei einem Bierchen im Zuber. Na dann prost! →

Slovanský Ostrov, 110 00 Praha 1 •
Tram: Národní divadlo (17) •
+420 7 77 87 05 11 • www.slovanka.net •
Tretboot oder Schiff (1 Std.) ab 150 CZK

✴ Thajský ráj

Massagen gibt es im Thajský ráj zwar auch, doch der absolute Hingucker sind die Aquarien im Schaufenster. Dort schwimmen sogenannte **Garra-Rufa-Fische**, die aus dem Nahen Osten stammen, wo sie meist in Thermalquellen leben. Die Leute nutzen sie dort seit historischen Zeiten als Helfer bei der Entfernung alter Haut. Kaum sind die Füße im Becken, fangen die kleinen Fische an, einem die Hautschuppen von den Füßen zu knabbern.

Václavské Náměstí 18, Praha 1 • Metro: Můstek (A, B) • +420 7 73 22 22 23 •
Staroměstské Náměstí, 16, Praha 1 •
Metro: Staroměstská (A) • +420
7 74 22 22 11 • www.thajsky-raj.cz •
Mo–So 10–22 Uhr • traditionelle Thaimassage: 999 CZK, Fisch-Therapie ab 299 CZK

Ausgehen

Im Stadtzentrum trifft man auf ein großes Angebot an hippen Bars und coolen Diskotheken, eine ausgefallener als die andere. Es gibt ruhige Jazzbars, in denen sich die besten Jazzmusiker der Welt zur Jamsession treffen, und wildeste Clubs wie das Double Trouble, wo auf den Tischen getanzt wird. Der Klub Karlovy lázně gehört zu den größten in ganz Mitteleuropa. Hier kann man in jedem der fünf Stockwerke zu einer anderen Musikrichtung abtanzen. Auch eine Ice Pub Bar gibt es, in der alles, inklusive der Gläser, aus Eis ist. In der Buddha-Bar können Nachtschwärmer in asiatisch-modernem Ambiente in tiefen Sesseln bei schummerigem Licht abhängen und, umgeben von vielen Buddha-Statuen, coole Chill-out-Musik hören.

✳ Absintherie

Die Absintherie ist Bar und Museum zugleich. Hier erfährt man alles über **Absinth** und wie die grüne wermuthaltige Spirituose, die zu Beginn des 20. Jahrhunderts bei vielen Künstlern, besonders in Frankreich, beliebt war, richtig serviert wird. Neben der größten Absinth-Sammlung in Europa (250 Flaschen aus aller Welt) gibt es hier 60 Cocktails und sogar Schokolade und Eiscreme mit Absinth.

Jilská street 7, 110 00 Praha 1 • Metro: Můstek (A) • +420 2 24 25 19 99 • www.absintherie.cz • Mo–Do 11–23, Fr 11–0, Sa 12–0, So 12–23 Uhr • Square of Franz Kafka 14/8, 110 00 Praha 1 • Metro: Staroměstská (A) • +420 2 73 13 26 12 • 1 Kugel Absinth-Eis: 39 CZK

Geht gar nicht

Der Touristen-Highway in Prag kennt nur eine Strecke: von der Karlsbrücke durch die Karlova direkt zum Altstädter Ring. Wer in der Hochsaison Gedränge, Souvenirshops und Fastfood-Ketten meiden will, spaziert besser geruhsam durch die Seitengassen.

✳ Agharta Jazz Centrum

Auf dem Programm dieses Jazzclubs im Keller eines historischen Hauses steht jeden Abend **Live-Musik** von renommierten tschechischen und auch internationalen Musikern. Das Zentrum bietet eine große Auswahl an Jazz-CDs. Jedes Jahr findet hier das beliebte Agharta Prague Jazz Festival statt, an dem erstklassige Jazzmusiker aus der ganzen Welt teilnehmen.

Železná 16, 110 00 Praha 1 • Metro: Staroměstská (A) • +420 2 22 21 12 75 • www.agharta.cz • Mo–So 19–1 Uhr • Bier: 40 CZK

✴ Al Capone's

Diese **Cocktailbar** erinnert an die USA während der Prohibition in den 1920er- und 1930er-Jahren. Gäste werden dazu eingeladen, ihre »alltäglichen Sorgen im schwarzgebrannten Alkohol zu ertränken«. Die Bar mit einer großen Auswahl an Bier, Wein, Likör, Cocktails und alkoholfreien Getränken gibt es seit 1995. Das Al Capone's ist wegen seiner für Innenstadtverhältnisse günstigen Preise bekannt.

Bartolomějská 305/3, 110 00 Praha 1 • Metro: Národní třída (B) • +420 2 24 24 10 40 • www.alcapones.cz • Mo–Do 16–2, Fr–Sa 18–3, So 18–0 Uhr • Bier: 32 CZK

Jazz vom Feinsten: Im Agharta Jazz Centrum findet jedes Jahr auch ein internationales Jazz-Festival statt. →

✴ Bar and Books

Den Beweis, wie »sophisticated« Prag inzwischen ist, liefert diese Bar im Keller eines Jugendstilhauses vom Ende des 19. Jahrhunderts. Das Interieur: dunkles Leder, dunkle Holztäfelung, viele Bücherregale. Es gibt ein reiches Angebot an **Rum- und Whiskeysorten**, Signature Cocktails, Champagner und Weine der besten Qualität. Im Hintergrund laufen James-Bond-Filme und die etablierte Prager Gesellschaft und ein paar Expats rauchen dazu in bequemen Sesseln eine Zigarre. Bar and Books aus New York eröffnete 2004 die erste Filiale in Übersee, als die Tschechische Republik gerade Mitglied der EU geworden war.

Týnská 19, 110 00 Praha 1 • Metro: Náměstí republiky (B) • +420 2 24 815 22 • www.barandbooks.cz • So–Mi 17–3, Do–Sa 17–4 Uhr • Cocktails ab 65 CZK

Das Zentrum

✴ Bar Double Trouble

Wie der Name verrät, gehört dieser Club zu den wildesten in Prag. In dem historischen Keller aus dem 13. Jahrhundert kann man Cocktails und Drinks zu günstigen Preisen trinken und die ganze Nacht durchtanzen. Gegen **Tanzen auf den Tischen** oder auf der Bar protestiert im Double Trouble niemand, ganz im Gegenteil!

Melantrichova 17, 110 00 Praha 1 ▪ Metro: Můstek (A, B) ▪ +420 2 21 63 24 14 ▪ www.doubletrouble.cz ▪ Mo–Do 20–4, Fr–Sa 20–5, So 20–4 Uhr ▪ Mojito: 140 CZK

✴ Blues sklep

Der Jazzclub mit stilechtem Interieur hat sich auf **Live-Jazz** und Blues spezialisiert. An kleinen Tischen kann man während der Aufführungen Bier, Wein, Liköre und Cocktails trinken und eine Kleinigkeit essen. Konzerte jeden Abend zwischen 21 Uhr und Mitternacht.

Liliová 10, 110 00 Praha 1 ▪ Metro: Staroměstská (A) ▪ +420 6 08 84 80 74 ▪ www.bluessklep.cz ▪ Mo–So 19–2.30 Uhr ▪ Bier: 39 CZK

✴ Buddha-Bar

Modernes asiatisches Ambiente und **Chill-out-Musik** im berühmten Buddha-Bar-Stil lässt man hier in tiefen Sesseln und bei schummrigem Licht auf sich wirken: bunte Lüster, rote Wände, Seidenstoffe, Plüsch, Pomp und coole Musik gehören zum Konzept. Auch die asiatische Küche ist gut. Im Haus gibt es auch ein luxuriöses Designhotel (S. 44).

Jakubská 649/8, 110 00 Praha 1 ▪ Metro: Náměstí Republiky (B) ▪ +420 2 21 77 63 00 ▪ www.buddha-bar.cz ▪ Degustationsmenü 1200 CZK

✴ Bugsy's

Diese **Nobelbar** in der Prestige-Einkaufsmeile Pařížská hat ein elegantes Interieur im amerikanischen Stil und bietet eine große Auswahl an mehr als 200 originellen Cocktails, die von professionellen Barkeepern gemixt werden. Wie alles in der Pařížská bewegen sich auch die Preise auf hohem Niveau.

Pařížská 10 (Eingang an der Kostečná Str.), 110 00 Praha 1 ▪ Metro: Staroměstská (A) ▪ +420 8 40 28 47 97 ▪ www.bugsysbar.cz ▪ Mo–So 19–2 Uhr ▪ Cocktails ab 95 CZK, große Zigarrenauswahl ab 35 CZK

✴ Cafe 80's

Im Erdgeschoss befindet sich ein Restaurant mit einer ganz besonderen Spezialität: 15 verschiedene Tatar-Variationen werden direkt vor den Augen der Gäste zubereitet. Im **Musik-**

Ausgehen 41

club im Keller mit Lichtfußboden, Bar und VIP Lounge spielen die besten DJs Musik der 1980er-Jahre.

V Kolkovně 6, 110 00 Praha 1 • Metro: Staroměstská (A) • +420 725 99 19 24 • www.cafe80.cz • Club Mi–Sa 21–4 Uhr • Restaurant Mo–So 10.30–2 Uhr • Bier: 78 CZK

✶ Chapeau Rouge

Bar und Club gibt es schon seit 1919. Sie erstrecken sich über drei Stockwerke mit **vier Bars, drei Bühnen** und einer Galerie. Hier spielen oft internationale Independent-Gruppen. Unten kann man ein Rockkonzert hören und wer danach noch tanzen will, geht einfach einen Stock höher in den Chapeau Room, wo es bis früh morgens weitergeht. In der Galerie werden Werke jungen Künstler ausgestellt.

Jakubská 2, 110 00 Praha 1 • Metro: Náměstí Republiky (B) • +420 2 22 31 63 28 • www.chapeaurouge.cz • Bar: Mo–Do 12–3, Fr 12–4, Sa 16–4, So 16–2, Club: So–Do 21–4, Fr–Sa 21–6 Uhr • Bier: 28 CZK, Schnaps: 65 CZK, alkoholfreie Getränke: 30 CZK, Mojito: 115 CZK

✶ Jazzboat

Wer Prag nachts aus einer anderen Perspektive sehen möchte, muss aufs Wasser. Auf dem **Vergnügungsschiff** Jazzboat kann man bei Jazzmusik ein

↑ *Plüsch, Pomp und coole Musik: loungen bei schummrigem Licht unter Buddhas Augen in der Buddha-Bar.*

Gourmet-Abendessen mit Qualitätsweinen und fantastischen Cocktails genießen. Während der Fahrt hat man einen wunderschönen Blick auf das Panorama der Stadt.

Bahnsteig Nr. 5 unter der Brücke Čechův most, 110 00 Praha 1 • Metro: Staroměstská (A), Tram: Právnická fakulta (17) • +420 731 18 31 80 • www.jazzboat.cz • Abfahrt 20.30 Uhr • 590 CZK, Studenten: 300 CZK

✶ Klub Karlovy lázně

Dieser **Club** mit hervorragender Lage direkt an der Karlsbrücke gehört zu den größten in ganz Mitteleuropa. In jedem der fünf Stockwerke läuft andere

Musik – das Spektrum reicht von Dance/Trance über Black und Pop bis zu Oldies. Das Haus aus dem 15. Jahrhundert blieb weitgehend erhalten, sodass man heute in ehemaligen Pools im römischen Badehausstil tanzen kann. Im oberen Stockwerk stehen Massageliegen zum Relaxen. In der Ice Pub Bar ist alles, inklusive der Gläser, aus Eis. Wer friert, kann Jacke und Handschuhe ausleihen.

Smetanovo nábřeží 198, 110 00 Praha 1 • Metro: Staroměstská (A) • Tram: Karlovy lázně (17, 18, 53) • +420 2 22 22 05 02 • www.karlovylazne.cz • Mo–So 21–5 Uhr • Bier: 90 CZK • Eintritt: 180 CZK

✴ K.U. Bar Lounge

Die **Lounge** im Zentrum der Altstadt gibt es seit dem Jahr 2000. Aufgelegt wird hier vor allem House und die Cocktails sind fantastisch. Zu den beliebtesten Veranstaltungen in Prag gehören die »Mad Mad Monday«-Motto-Partys jeden Montag.

Rytířská 13, 110 00 Praha 1 • Metro: Můstek (A, B) • +420 7 24 69 59 10 • www.kubar.cz • Mo–So 19–4 Uhr • Cosmopolitan Royal: 189 CZK

✴ M1 Lounge

Nicht weit vom Altstädter Ring entfernt, kann man in dieser **Musikbar** auch Wasserpfeife rauchen. Die DJs spielen einen Mix von R&B, Hip-Hop, Indie Rock und House.

Masná 1, 110 00 Praha 1 • Metro: Staroměstská (A) oder Náměstí Republiky (B) • +420 2 27 19 52 35 • www.m1lounge.com • So–Do 21–4, Fr–Sa 20–6 Uhr

✴ Roxy

Dieser Club ist Kult! Zu den **Tanzpartys** finden sich regelmäßig die besten tschechischen DJs und Gäste aus der ganzen Welt ein. Im Roxy zeigt außerdem die Galerie NoD avantgardistische Ausstellungen.

Dlouhá 33, 110 00 Praha 1 • Metro: Náměstí Republiky (B) • +420 2 24 82 62 96 • www.roxy.cz • Vorverkauf in NoD (im 1. Stock) Mo–Fr 16–20 Uhr • Bier: 35 CZK

✴ Vodka Bar Propaganda

Das **Restaurant und Pub** Propaganda hat sich dem Underground und nicht dem Kommerz verschrieben. Es ist mit Artefakten aus kommunistischer Zeit ausgestattet. Der Inhaber betreibt auch das Museum des Kommunismus.

Michalská 12, 110 00 Praha 1 • Metro: Můstek (A, B) • +420 2 42 48 07 28 • www.propagandapub.cz • Mo–So 14–2 Uhr • Cocktails ab 90 CZK

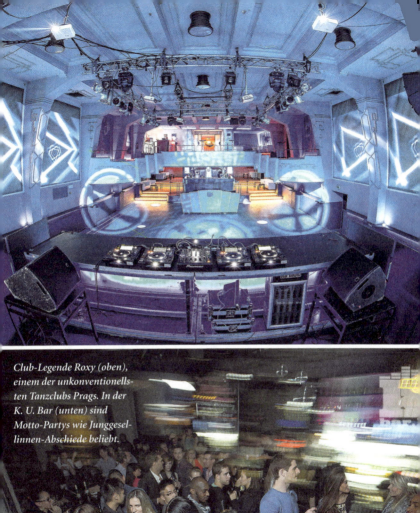

Club-Legende Roxy (oben), einem der unkonventionellsten Tanzclubs Prags. In der K. U. Bar (unten) sind Motto-Partys wie Junggesellinnen-Abschiede beliebt.

Übernachten

Von den Hotels der Altstadt hat man über die Moldau hinweg oft einen wunderschönen Blick auf die gegenüberliegende Kleinseite mit dem Burgberg. Allerdings zählen die Hotels in fußläufiger Nähe der Sehenswürdigkeiten im Zentrum zu den teuersten. Dafür kann man in historischer Bausubstanz logieren, zu der bisweilen das Innendesign einiger Boutique-Hotels schicke moderne Kontraste setzt. Im Zentrum gibt es aber auch Exoten wie ein historisches Brauerei-Hotel, wo man lernen kann, sein Bier selbst zu brauen. Oder einen lässigen Chill-out-Club, in dem sich nicht nur coole Musik hören, sondern auch in schickem Design nächtigen lässt.

✶ Buddha-Bar-Hotel

Asiatisch-modern wie die Buddha-Bar im Haus (S. 40) ist auch das abgedunkelte Hotelambiente der 39 Zimmer: rote Wände, bunte Lüster, Seidenstoffe, rustikales Holz, Ledersofas, Plüsch – kombiniert mit Pomp auf **Fünf-Sterne-Niveau**.

Jakubská 649/8, 110 00 Praha 1 • Metro: Náměstí Republiky (B) • +420 2 21 77 63 00 • www.buddhabarhotelprague.com • DZ ab 5099 CZK

✶ Four Seasons

Das **Fünf-Sterne-Luxushotel** in absolut privilegierter Lage direkt am Ufer der Moldau bietet einen Postkartenpanorama-Blick auf Karlsbrücke, Aussichtsturm Petřín, Kloster Strahov, Nikolaus-Kirche, Burg und St.-Veits-Dom. Verschiedene Gebäude sind hier zu einer Hotelanlage mit 161 Zimmern vereinigt. Riesige Blumenbouquets schmücken Foyer und Salons.

Veleslavínova 2a, 110 00 Praha 1 • Metro: Staroměstská (A) • +420 2 21 42 70 00 • www.fourseasons.com • DZ ab 7298 CZK

Don't miss

Wer sich eine Luxusnacht im Four Seasons leistet, sollte beim Concierge unbedingt nach dem Sightseeing-Plan mit Sonnenstand fragen. Darin sind die Stunden verzeichnet, wann welche Sehenswürdigkeiten im besten Sonnenlicht erstrahlen. Nicht nur für Fotografen interessant.

Übernachten   45

✳ Hostel Franz Kafka

Das **kleine Hostel** direkt im Altstadtzentrum hat nur vier Zimmer, darunter ein Doppelzimmer. Es ist renoviert und funktional eingerichtet.

Kaprova 13/14, 110 00 Praha 1 • Metro: Staroměstská (A) • +420 2 22 31 68 00 • www.czechhostelfranzkafka.com • DZ ab 960 CZK

✳ Hotel Josef

Helles **Designhotel** mit sehr viel Glas: gläserne Wendeltreppe, gläserne Regale, gläserne Badezimmer. Helle, vornehmlich weiße und beige Farbtöne prägen die 109 Zimmer, orangefarbene Kissen und Stühle setzen Akzente.

↑ *Das Hotel Paris bietet alle modernen Annehmlichkeiten und hat sich sein Jugendstil-Flair erhalten.*

Rybná 20, 110 00 Praha 1 • Tram: Dlouhá třída (5, 8, 24, 26) • +420 2 21 70 09 01 • www.hoteljosef.com • DZ ab 2142 CZK

✳ Hotel Paris (Hotel Paříž)

»Das Hotel Paris ist so großartig, dass ich davon völlig hingerissen bin. Die zahlreichen Spiegel und die vielen Messinggeländer und Messingkerzenhalter glänzen so, dass es an einen goldenen Palast erinnert«, heißt es in »Ich diente dem englischen König« von Bohumil Hrabal. Bis heute hat das **Jugendstilhotel** sein historisches Flair erhalten – trotz moderner Annehmlichkeiten in den Zimmern – und ist für verträumte Besucherinnen die richtige Adresse – zumindest auf einen Kaffee, falls der Geldbeutel eine Übernachtung nicht zulässt.

U Obecního domu 1, 110 00 Praha 1 • Metro: Náměstí Republiky (B) • +420 2 22 19 56 66 • www.hotel-paris.cz • DZ ab 2530 CZK

✳ Residence Karolina

Mitten im Altstadtzentrum eines **eleganten Stadtpalais** wohnt man wie ein Prager. Die 20 geräumigen Appartements für zwei bis vier Personen haben eigene Bäder und täglichen Zimmerservice. Die Residenz bietet Altstadt- und Burgblick und eignet sich für längere Aufenthalte und Gruppen.

Karoliny Světlé 303/4, 110 00 Praha 1 ▪ Tram: Národní divadlo (6, 9, 17, 18, 22, 24) ▪ +420 2 24 99 09 90 ▪ www.residence-karolina.com ▪ DZ ab 2990 CZK

✳ Schwarzer Elefant (Hotel Černý Slon)

Auf Tuchfühlung mit der Stadtgeschichte kann man im Schwarzen Elefanten gehen. Das **historische Hotel** in einem Haus aus dem 14. Jahrhundert hinter der Tyn-Kirche und dem Altstädter Ring hat nur 16 Zimmer. Das Gebälk in den Dachgeschosszimmern wurde rekonstruiert. Im Nebenhaus soll der tschechische König und römische Kaiser Karl IV. geboren worden sein.

Týnská 1, Prag 1 ▪ Metro: Staroměstská (A) ▪ Náměstí Republiky (B) ▪ +420 2 22 32 15 21 ▪ www.hotelcernyslon.cz ▪ DZ ab 2994 CZK

✳ U Medvídků

Das **Brauereihotel** ist weltweit einzigartig. Das Haus stammt aus dem 15. Jahrhundert und in einigen Zimmern blieben ursprüngliche Bauelemente wie gotische Dachstühle und bemalte Balkendecken erhalten. Zu dem Drei-Sterne-Hotel gehören eine traditionelle Brauerei mit Gaststätte und ein Geschäft für Bier- und Brauerei-Souvenirs. Als Gast kann man auch lernen, selbst Bier zu brauen.

Na Perštýně 7, 110 00 Praha 1 ▪ Metro: Můstek (A, B) ▪ +420 2 24 21 19 16 ▪ www.umedvidku.cz ▪ DZ ab 98 CZK

✳ The Mark

Das **Luxushotel in einem Stadtpalais** aus dem 17. Jahrhundert war vormals ein Kempinski-Hotel. Es liegt in einer Seitenstraße ganz in der Nähe des Pulverturms. Klassisches Design und moderne Kunst zeichnen das Interieur der 75 Zimmer aus. In manchen Suiten kann man auf zwei Etagen wohnen.

Hybernska 12, 110 00 Praha 1 ▪ Tram: Masarykovo nádraží (5, 26, 29) ▪ +420 2 26 22 61 11 ▪ www.themark.cz ▪ DZ ab 4225 CZK

✳ U Prince Hotel

Der Barockfassade des Bürgerhauses aus dem 12. Jahrhundert, direkt gegenüber der Astronomischen Uhr, entspricht auch das Interieur dieses **historischen Hotels**. Die nur 24 Zimmer zieren wuchtige Antiquitäten. In uralten Kellergewölben gibt die Black Angel's Bar, einen Nachtclub wie zur Prohibitionszeit. Von der Dunkelheit in ganz lichte Höhen geht es auf die Dachterrasse mit einem super Blick auf Tyn-Kirche und Astronomische Uhr.

Staroměstské náměstí 29, 110 00 Praha 1 ▪ Metro: Staroměstská (A) ▪ +420 2 24 21 38 07 ▪ www.hoteluprince.com ▪ DZ ab 2670 CZK

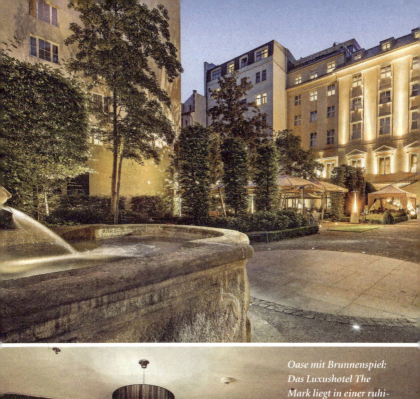

Oase mit Brunnenspiel: Das Luxushotel The Mark liegt in einer ruhigen Seitenstraße im Zentrum und bietet in der Premium Suite eine grandiose Aussicht.

Der Westen

Entdeckungstour auf der Kleinseite, die zusammen mit der mächtigen Burganlage lange eine eigenständige Stadt mit ganz eigenem Charakter war

Die Kleinseite (Malá Strana) mit der mächtigen Prager Burg erhielt erst 1257 als zweites Prager Viertel die Stadtrechte und bildete damit bis 1784 auch rechtlich eine völlig eigenständige Stadt. In dieser eigenen Welt entwickelte das Viertel auf der westlichen Seite der Moldauschleife rasch einen ganz anderen Charakter als die Altstadt gegenüber. Denn die Nähe zum Machtzentrum der Burg brachte es mit sich, dass sich hier im 16. Jahrhundert vorwiegend Adelige und wohlhabende Bürger ansiedelten.

Durch den steten Handel mit dem königlichen Hof konnten die Kleinseitner Bürger ihren Wohlstand weiter mehren. Und so entstanden alsbald recht imposante Palais im Renaissance- und Barockstil und dominante Kirchen wie St. Nikolaus. Mit der Staatsgründung der Tschechoslowakei 1918 war es dann mit dem Adel schnell vorbei und in einen Großteil der mittlerweile verwaisten Adelsresidenzen zogen viele ausländische Konsulate und Botschaften ein.

Wo die weltliche Macht sich ansiedelte, war auch das christliche Machtzentrum nicht weit entfernt. Denn ebenfalls mitten auf dem Burgberg befinden sich der Veits-Dom und in nächster Nachbarschaft die Klöster Strahov und Břevnov. Zur Kleinseite gehört auch der weitläufige Park am Laurenziberg (Petřin), in dem man anlässlich einer Jubiläumsausstellung 1891 eine Kopie des Pariser Eiffelturms errichtete.

Ein interessanter Ort in Burgnähe ist Nový Svět. Durch die kleinen Häuschen, Mitte des 14. Jahrhunderts für Burgdiener erbaut, hat es bis heute dörflichen Charakter. Trotz einfacher Verhältnisse wählten die Bewohner goldene Hauszeichen wie die einer goldenen Birne oder Traube. Eine schöne Alternative zur Nerudagasse, die wegen der Hauszeichen und der Wohnung von Jan Neruda, dem Autor der »Kleinseitner Geschichten«, der im Haus »Zu den zwei Sonnen« gewohnt hat, scharenweise Touristen anzieht.

Der Westen

Kultur

Malá Strana, die Kleinseite von Prag, ist, wie der Name schon sagt, nicht groß, aber dafür reich an bedeutenden Sehenswürdigkeiten. Hradčany, das Burgviertel, ist beinahe eine eigene Welt für sich. Ein Besuch der Prager Burg, des Goldenen Gässchens und des St.-Veits-Doms gehört zu den Höhepunkten einer Pragreise. Die Kleinseite am westlichen Moldau-Ufer erreichen die meisten Besucher bei einem Spaziergang von der Altstadt über die Karlsbrücke. In dem architektonischen Gesamtbild aus kleinen Gässchen, Türmen, Kuppeln und Kirchen gibt es kaum ein Haus, das später als im 18. Jahrhundert erbaut wurde.

✶ John-Lennon-Mauer (John Lennonova Zed)

Die Gartenmauer des Großpriorpalasts des Malteser-Ordens wurde in den 1980er-Jahren zu einer Art Klagemauer für regierungsfeindliche Systemkritiker. Lennons Liedtexte und politische Parolen wie »Give Peace a Chance« forderten Freiheit. Das Regime übertünchte sie permanent, doch schnell fanden sich wieder **Graffitis** an der Mauer. 2003 verewigte sich dort Lennons Witwe Yoko Ono.

Velkopřevorské náměstí, 118 00 Praha 1 • Tram: Malostranské náměstí (12, 20, 22)

✶ Kleinseitner Ring (Malostranské Náměstí)

Hier, im **Zentrum** des Kleinseiten-Viertels, standen zur Zeit der Stadtgründung 1257 noch Pranger und Galgen. Das beherrschende Bauwerk ist die Nikolaus-Kirche. Vor ihrer Westfassade steht die Pestsäule, östlich das nicht zugängliche Kleinseitner Rathaus, ums Eck die St.-Thomas-Kirche von 1316.

Tram: Malostranské náměstí (12, 20, 22)

Don't miss

Das mystische Prag kann man nirgends besser entdecken, als auf einem Spaziergang auf der Kleinseite bei Nacht. Geführte Touren gibt es auch über die dunkle Seite der Stadt und ihre alten Legenden.

✳ Kloster Strahov
(Strahovský Klášter)

Besucherhighlights sind die **Bibliothekssäle** wie der Theologische Saal mit den markanten Globen und den theologischen Werken. Kostbarstes Werk ist die juwelengeschmückte Strahov-Bibel aus dem 9. Jahrhundert, die nur als Faksimile gezeigt wird. Das Deckenfresko von Franz Anton Maulpertsch von 1794 ist atemberaubend.

Strahovské nádvoří 1/132, 118 00 Praha 1 • Tram: Pohořelec (22) • +420 2 33 10 77 10 • www.strahovskyklaster.cz • tgl. 9–12, 13–17 Uhr • Eintritt: 80 CZK

✳ Museum Franz Kafka
(Muzeum Franze Kafky)

Das Museum informiert Kafka-Interessierte über dessen Biografie und Schaffen. Alle **Erstausgaben Kafkas** sind hier ausgestellt. Kurios ist die Skulptur des Künstlers David Černý im Hof: Zwei Männer pinkeln in einen Teich, der die Form Tschechiens hat. Der Pinkelstrahl lässt sich per SMS steuern.

Cihelná 2b, 118 00 Praha 1 • Metro: Malostranská (A) • +420 2 57 53 55 07 • www.kafkamuseum.cz • tgl. 10–18 Uhr • Eintritt: 200 CZK

Kleinode ganz groß: historische Globen und theologische Werke in den Bibliothekssälen von Kloster Strahov. →

✳ Museum Kampa
(Muzeum Kampa)

Wer sich für **moderne Kunst** interessiert, kommt am Kampa Museum nicht vorbei. Nicht verpassen sollte man die riesige Stuhlskulptur von Magdalena Jetelová, die während der Überschwemmung von 2002 mitgerissen, aber später wieder zurückgebracht wurde. Vor oder nach dem Museumsbesuch kann man auf der Halbinsel Kampa im sogenannten Klein-Venedig einen Spaziergang machen – mit herrlichen Ausblicken auf die Kleinseite, die Burg, die Karlsbrücke und das Smetana-Ufer (Smetanovo Nábřeží) mit seinen Bürgerhäusern.

U Sovových mlýnů 2, 118 00 Praha 1 • Tram: Újezd (12, 20, 22) • +420 2 57 28 61 47 • www.museumkampa.com • tgl. 10–18 Uhr • Eintritt: 220 CZK

✴ Neruda-Gasse (Nerudova)

Die nach dem Schriftsteller Jan Neruda benannte Gasse zählt zu den schönsten auf der Kleinseite. Typisch sind die **Hauszeichen** an den Gebäuden. Sie waren früher Ersatz für Hausnummern und wiesen auf die Tätigkeit des Bewohners hin. Ein Geigenbauer wohnte im Haus Zu den drei Geigen, beim Goldenen Kelch gab es ein Wirtshaus und die heutige Nr. 47 ist das Haus Zu den zwei Sonnen (U Dvou Slunců), in dem Neruda wohnte.

....

Nerudova 47, 118 00 Praha 1 • Tram: Malostranské náměstí (12, 20, 22) • +420 257 53 27 39, +420 723 60 60 52 • http://udvousluncu.cz • Nerudas Wohnhaus: tgl. 10–23 Uhr

✴ Nikolaus-Kirche (Kostel Mikuláše)

Die mächtige Kuppel des **opulenten barocken Prachtbaus** von Kilian Dientzenhofer bestimmt die Silhouette der Stadt. Das Innere wirkt fast verschwenderisch: Marmor, Stuck, vergoldete Schnitzereien, ein riesiges Kuppelfresko, eine mit Goldschmuck gefertigte Kanzel …

....

Malostranské náměstí 556/29, 118 00 Praha 1 • Tram: Malostranské náměstí (12, 20, 22) • +420 251 51 25 16 • www.muzeumprahy.cz • tgl. 10–18 Uhr • Eintritt: 90 CZK

✴ Palais Lobkowitz

Im Palais Lobkowitz (nicht zu verwechseln mit dem Lobkowicz Palác in der Burg) ist die **Botschaft der Bundesrepublik Deutschland** untergebracht. Das Palais Lobkowitz fand Eingang in die Geschichtsbücher, als rund 4000 DDR-Bürger dort Zuflucht suchten und das Gelände besetzten. Der damalige Bundesaußenminister Hans-Dietrich Genscher verkündete am 30. September 1989 auf dem Gartenbalkon des Palais die Ausreisemöglichkeit der DDR-Flüchtlinge in die Freiheit. Drei Monate später brach das kommunistische System der damaligen ČSSR zusammen und Václav Havel wurde neuer Präsident. Im Garten des Palais erinnert die Installation »Quo Vadis« von David Černý – ein Trabant auf Beinen – an die Ereignisse.

....

Vlašská 19, 118 01 Praha 1 • Tram: Malostranské náměstí (12, 20, 22)

Kultur 55

✴ Palais Wallenstein (Valdštejnský Palác)

Der namensgebende Erbauer wollte mit dem 1630 vollendeten Palast und seinem zauberhaften Garten sogar die Prager Burg in den Schatten stellen. Der Rittersaal ist zwei Stockwerke hoch und das Deckenfresko zeigt Albrecht von Wallenstein als Kriegsgott Mars auf einem Triumphwagen. Da der **Senat** im Palais tagt, sind nur wenige Räume zu besichtigen.

Valdštejnské náměstí 4, 118 00 Praha 1 • Tram: Malostranské náměstí (12, 20, 22) • +420 2 57 07 11 11 • www.senat.cz • Palais: Sa, So 10–17 Uhr, Garten: April–Okt. Mo–Fr 7.30–18, Sa, So 10–18, Juni–Sept. jeweils bis 19 Uhr

↑ *Die bekanntesten Graffitis der Stadt: Die John-Lennon-Mauer gab es bereits zu kommunistischer Zeit.*

✴ Petřín

Zur Kleinseite gehört auch der weitläufige Park am Laurenziberg (Petřín), dem mit 318 Metern höchsten der sieben Hügel Prags. Der 60 Meter hohe, meist als Petrin bezeichnete Eisenturm wurde als Kopie des Pariser Eiffelturms errichtet. Von ihm hat man den **schönsten Blick auf Prag**. Besuchenswert sind auch das Spiegellabyrinth (Bludiště), ein visueller Irrgarten und die Sternwarte (Rozhledna), beide Di–So 9.30–17 Uhr.

Petřínské sady, 118 00 Praha 1 • eine Drahtseilbahn im viktorianischen Stil bringt Lauffaule von der Újezdstraße (Újezd Ulice) auf den Hügel (tgl. 9–23.30 Uhr) • +420 2 57 32 01 12 • www.muzeumprahy.cz • Okt.–März tgl. 10–20, Nov.–Feb. tgl. 10–18, April–Sept. tgl. 10–22 Uhr • Eintritt: 120 CZK

✴ Prager Burg (Pražský Hrad)

Die **von begrünten Burggräben umgebene Anlage** ist mit 450 Metern Länge und 150 Metern Breite das größte geschlossene Burgareal der Welt und die Hauptattraktion des Landes. Von den ersten Ursprüngen 925 an entwickelte sich das Ensemble Stück für Stück. Der ehemalige Sitz der Kaiser und Könige ist seit 1918 Sitz des Staatspräsidenten. Im ersten Burghof findet täglich zur vollen Stunde und um 12 Uhr mit gro-

Der Westen

↑ *Die Prager Burg ist das größte geschlossene Burgareal der Welt und die Hauptattraktion Tschechiens.*

ßem Pomp der Wechsel der Wachposten statt. Vom Haupteingang am Hradschinerplatz (Hradčanske Náměstí) gelangt man über drei Burghöfe zum Königspalast, der zusammen mit dem Damenstift und dem Palais Lobkowicz (mit Museum in Privatbesitz) die Südfront zur Stadt ausmacht. Die nördliche Seite wird von drei Türmen beherrscht. Direkt am Weißen Turm, dem ehemaligen Gefängnisturm, ist das Alchimistengässchen, oft auch das Goldene Gässchen (Zlatá Ulička) genannt, wo Franz Kafka in Nr. 11 wohnte.

Hradčanske Náměstí, 118 00 Praha 1 · Metro: Malostranská (A), Tram: Pražský Hrad (22) · +420 224 37 33 68 · www.hrad.cz · tgl. Außenanlage 5–24 Uhr, Innenräume: 9–18 Uhr · Eintritt: je nach Zahl der Sehenswürdigkeiten 250–350 CZK

✳ St. Maria Victoria (U Prazského Jezulátka)

Die **Kirche** heißt im Volksmund »Prager Jesulein«, weil die gerade einmal 50 Zentimeter große, wächserne Jesus-Figur im Inneren wundertätig sein soll. Seit knapp 400 Jahren ist das Jesulein in Prag und zieht vornehmlich Pilger aus Spanien und Lateinamerika an.

Karmelitská 9, 118 00 Praha 1 · Tram: Hellichova (12, 20, 22) · +420 257 53 36 46 · www.pragjesu.info · Mo–Sa 8.30–19, So bis 20 Uhr

✳ St.-Veits-Dom (Katedrála Svatého Víta)

Der Burgberg wird dominiert von dem St.-Veits-Dom, der **zweitältesten Kirche in Europa**. Sein Bau dauerte von der ersten Bauphase 1344 bis 1770, als der Domturm eine neue Spitze erhielt. In der St.-Wenzels-Kapelle des Doms sind die Krönungsinsignien mit der goldenen, 2,5 Kilo schweren Wenzelskrone aufbewahrt, die nur einmal pro Jahrhundert der Öffentlichkeit gezeigt wird.

Anfahrt: s. Prager Burg · www.katedralasvatehovita.cz · April–Okt. Mo–Sa 9–17, Nov.–März bis 16, So ab 12 Uhr · Eintritt frei

Sightseeing nostalgisch

Und mit einem Mal ist alles andere Nebensache: die Auslagen von Cartier, die Tyn-Kirche und auch die Trompetenklänge vom Altstädter Rathaus. Die Passanten scharen sich mit ihren Fotoapparaten um das rote, chromblitzende Oldtimercabrio. Schon beim Warmlaufen des Motors zieht es neugierige Blicke auf sich. Und egal, auf welcher Route man sich durch Prags Innenstadt damit chauffieren lässt, man zieht unweigerlich alle Aufmerksamkeit auf sich – oder besser gesagt auf den Wagen. Der rote Ford, Baujahr 1929, ist nicht nur hübsch anzuschauen, auch sein Klang könnte nicht besser sein, wenn der Chauffeur am Gashebel zieht und die Drei-Liter-Maschine brummen lässt.

Während der 40-minütigen Stadttour erzählt der Fahrer manch interessante Geschichte. Zum Beispiel, dass es im Mittelalter keine Hausnummern gab und die Leute deshalb zur Orientierung Hauszeichen verwendeten. Über dem Eingang hatten sie Symbole: der Arzt eine Schlange, der Schlosser einen Schlüssel, der Gastwirt einen Fisch. In den verwinkelten Gassen auf der Kleinseite sind noch viele dieser Zeichen aus dem Mittelalter zu sehen, die schönsten in der Neruda-Gasse (Nerudova).

Der Fahrer erklärt auch, warum man in der Nähe von St. Maria Victoria (Marie Vítězné) plötzlich kein Tschechisch mehr hört, sondern fast nur noch Spanisch. Der Grund ist 50 cm hoch, aus Wachs, in Gold und Samt gewandet und nach einer Reise aus Spanien seit knapp 400 Jahren in Prag: das »Prager Jesulein«. Es thront hoch oben auf einem Marmoraltar und ist jährlich das Ziel von Hunderttausenden, vornehmlich spanischen oder südamerikanischen Besuchern. Es gehört zum Ritual, sich vom Jesulein die Erfüllung von Wünschen zu erbitten und sich bei einer weiteren Reise zu bedanken, ganz gleich, ob sie erfüllt wurden. Eine ca. 40-minütige Tour für bis zu vier Personen kostet je nach Route ab 1200 CZK. www.3veterani.cz oder www.historytrip.cz

Shopping

Auf der Kleinseite shoppen zu gehen, macht schon deshalb ganz besonderen Spaß, weil der Spaziergang durch die schmalen Gässchen und kleinen Häuschen unterhalb der Burg einem manchmal sogar einen Museumsbesuch ersetzt. Die Kleinseite war auch das Lieblingsviertel von Franz Kafka, der sich hier gerne durch die winkeligen Gassen in kleine, trichterförmige Innenhöfe treiben ließ, die er »Lichtspucknäpfe« nannte. Hier gibt es interessante Läden mit wertvollen Antiquitäten und auch original tschechische Glaskunst. Feinkostläden wechseln sich mit kleinen Buchhandlungen und Designerläden ab. Je mehr man sich jedoch der Karlsbrücke nähert, umso mehr nehmen die Souvenirläden wieder überhand.

✳ Artěl

Die Produkte dieser Marke sind weltberühmt. Artěl hat sich auf luxuriöses, mundgeblasenes und handgraviertes **tschechisches Kristallglas** spezialisiert, es gibt eigene Editionen. Alle Produkte sind sehr dekorativ, aber auch im Haushalt nutzbar. Neben der Kristallkollektion werden auch Bijouterie, Antiquitäten und Schmuck verkauft.

U Lužického Semináře 7, 118 00 Praha 1 • Malostranská (A) • Tram: Malostranské náměstí (12, 20, 22, 57) • +420 2 51 55 40 08 • www.artelglass.com • Mo-So 10–19 Uhr

Geht gar nicht

Obwohl »no commission« versprochen wird, zahlt man beim Bargeldtausch in den Wechselstuben meist drauf und verliert bis zu 20 Prozent im Vergleich zum amtlichen Kurs. Lieber per Geldkarte am Automaten Kronen abheben.

✳ Blue Praha

Blue Praha ist eine Firma, die **tschechisches Glas** herstellt und mit mehreren Filialen in der Stadt vertreten ist. Wie der Name schon sagt, setzt Blue Praha ausschließlich auf Blautöne. Es gibt Trinkgläser, Vasen, Schüsseln und auch kleine Glastiere zu recht günstigen Preisen. Alle Stücke sind handgefertigt.

Mostecká 24, 118 00 Praha 1 •
Tram: Malostranské náměstí (12, 20,
22, 57) • +420 2 57 53 37 16 •
www.bluepraha.cz • Mo–So 10–19 Uhr

✳ Café Time Music (Muezum hudby)

Das Musikcafé gehört zum Musikmuseum der ehemaligen Barockkirche St. Maria Magdalena aus den 17. Jahrhundert. Dem Café angeschlossen ist ein Geschäft mit Musikinstrumenten und **Musiksouvenirs**. Es gibt eine große Auswahl an Noten und klassischen LPs und CDs. Die Preise sind vernünftig und die Bedienung ist sehr freundlich.

Karmelitská 2, 118 00 Praha 1 •
Tram: Hellichova (12, 20, 22) •
www.iprovas.cz • Mo, Mi–So 10–
18 Uhr • Musikgeschäft Via Musica
(Malostranské nám. 13)

✳ Fork & Cork

Das **Delikatessengeschäft** führt Wein und Schnaps und ist ein Paradies für Gourmets. Der Laden bietet eine große Auswahl an Cognac aus Frankreich, Armagnac, Calvados, Liköre und Spezialitäten wie frische Pasta, Käse, Foie gras, Würste, Olivenöl und Essig. Schokoladenfreunde werden vom Angebot der Marken Michel Cluizel und Mathez sehr angetan sein. Die Cognac- und Weinbar U staré studny ist im selben Gebäude.

Tržiště 371/3, 118 00 Praha 1 • Tram:
Malostranské náměstí (12, 20, 22, 57) •
+420 25 72 10 318 • Mo–So 10–19 Uhr

✳ Hana Zárubová

Die erfolgreiche **tschechische Modedesignerin** wurde für ihre Kollektion »Fix.you« bei der Czech-Grand-Design-Ausstellung 2010 zur Modedesignerin des Jahres gewählt. Sie entwarf als Kreativ-Direktorin der tschechischen Modemarke Pietro Filipi Freizeitkollektionen. Zárubová kombiniert unkonventionelle Materialien wie Neopren mit Seide. Es ist jedoch nicht leicht, einen Besuchstermin zu bekommen.

Wie im Museum: Die Sammlung Kunstkomora führt wertvolle Antiquitäten zu verschiedenen Thematiken. →

Der Westen

Jánský vršek 9/325, 118 00 Praha 1 • Tram: Malostranské náměstí (12, 20, 22, 57) • +420 603 37 72 26 • www.hanazarubova.cz • Do 14–19 Uhr und nach Vereinbarung

✴ Hanuš Lamr

Charakteristisch für die von der Natur inspirierten **Schmuckstücke** ist ein elegantes, zeitloses Design. Schmuck von Hanuš Lamr wird wegen seiner Schönheit und Qualität sehr geschätzt. Das Atelier hat eine große Auswahl an Designohrringen, Halsketten, Broschen und Ringen. Vieles wirkt spielerisch und zugleich elegant.

Valdštejnská 4, 118 00 Praha 1 • Metro: Malostranská (A) • +420 605 88 55 93 • www.hanuslamr.cz • Auch bei DOX by Qubus, Kubista oder im Museum Kampa (siehe unten)

✴ Kolekce Bořka Šípka (Kollektion Bořek Šípek)

Glasdesign von Bořek Šípek ist von hoher Qualität. Die Kollektion bildet eine schöne und einzigartige Sammlung von **Glasgegenständen**, wie z. B. Vasen, Lampen und Lüster, Tische und Schüsseln. Für den Besuch des Showrooms in der Design Lounge in der Sněmovní-Straße muss man vorher einen Termin vereinbaren, was für das Geschäft Stvol in der Valentinská nicht notwendig ist.

Valentinská 11/56, 118 00 Praha 1 • Metro: Malostranská (A) • +420 224 81 40 99 (Geschäft Stvol) • www.boreksipek.com • www.stvol.eu • Mo–Fr 9–18, Sa, So 11–17 Uhr

✴ Kunstkomora

Die Sammlung Kunstkomora ersetzt einen Museumsbesuch. Sie führt eine Reihe **wertvoller Antiquitäten** und wurde von der Renaissance-Wunderkammer von Kaiser Rudolf II. inspiriert. Die Objekte berühren verschiedene Themen wie Historie, Geologie, Ethnografie und Archäologie. Kunstkomora gehört zu den interessantesten Geschäften in Prag, der Besuch lohnt sich, auch wenn man nichts kaufen will.

Lázeňská 9, 118 00 Praha 1 • Tram: Malostranské náměstí (12, 20, 22, 57) • +420 246 02 80 19 • www.kunst komora.cz • Di–Sa 11–19 Uhr und nach Vereinbarung

✴ Museum Kampa

Zum Kulturkomplex Kampa gehören neben Museum und Restaurant auch eine Buchhandlung und ein Museumsshop mit Produkten rund um **Kunst, Design und Architektur**. Buchhandlung und Laden bieten interessante Bücher (vor allem auf Tschechisch, Englisch

Shopping 61

und Französisch) über die wichtigsten Epochen der tschechischen Architektur, z. B. Kubismus und Funktionalismus.

U Sovových mlýnů 2, 118 00 Praha 1 • Tram: Hellichova (12, 20, 22, 57) • +420 2 57 28 61 47 • www.museum kampa.com • Mo–So 10–18 Uhr

✵ Shakespeare and Sons

Die **internationale Buchhandlung** Shakespeare and Sons hat Bücher auf Englisch, Deutsch, Spanisch und Französisch im Sortiment. Es gibt auch eine große Auswahl von E-Books und vielseitige Veranstaltungen. Programm siehe Website.

U Lužického semináře 10, 118 00 Praha 1 • Tram: Malostranské náměstí (12, 20, 22, 57) • +420 2 57 53 18 94 • www.shakes.cz • Mo–Fr 11–19 Uhr

✵ Vinom Wine

In der gemütlichen **Weinstube mit Vinothek** nicht weit von der Prager Burg kann man 300 Sorten tschechischer, mährischer und ausländischer Qualitätsweine kaufen. Zur Degustation gibt es Spezialitäten der kalten Küche wie Käse, Pasteten oder Wurst.

Liborova 13, 160 00 Praha 6 • Tram: Marjánka (22, 25, 27) • +420 2 20 51 44 40 • www.vinom.eu • Mo–So 15–0 Uhr • Qualitätsweine ab 80 CZK/0,75 l

↑ *Feinkost direkt aus Italien: Der Wine Food Market hat auch eine große Auswahl an frischen Antipasti.*

✵ Wine Food Market

Italienische Feinkost von hoher Qualität direkt vom Produzenten bietet der Wine Food Market in Prag in vier Geschäften. Die Firma importiert Weine und Lebensmittel von lokalen Familienbetrieben aus Italien. Sie legt größten Wert auf hohe Produktqualität zu günstigen Preisen. Es gibt beispielsweise Wein aus der Region Alto Adige, Chianti aus der Toskana, Grappa, Brandy und Bombardino sowie Käse und Wurstwaren.

Národní obrany 29, 160 00 Praha 6 • Metro Dejvická (A) • +420 2 52 54 06 60 • www.winemarket.cz • Mo–So 9–20 Uhr • weitere Geschäfte: Ovocný trh (Praha 1), Strakonická 1 (Praha 5)

Restaurants & Cafés

In Tschechien hat sich das Rauchverbot noch nicht wirklich überall durchgesetzt. Besonders Bierstuben *(pivnice)* und Schankwirtschaften *(výčep)* sind oft von Zigarettenrauch vernebelt und sehr laut. Doch das gehört zum tschechischen Lebensstil wie Schweinebraten mit Knödeln und Kraut. Und diese traditionellen Gerichte sollte man in Prag auf jeden Fall probieren. Bisweilen gibt es einige Lokale, welche die vormals schwere Kost inzwischen ein wenig leichter definieren. Auffallend ist, dass beim Fleisch manchmal die Gewichtsangabe explizit Erwähnung findet. Ein Relikt aus sozialistischen Zeiten, als Fleisch teuer war und auf die Teller mehr sogenannte Sättigungsbeilagen kamen. Die meisten Speisekarten sind auch in den Traditionsgaststätten inzwischen mehrsprachig.

✶ Altány Kampa

Das Restaurant liegt 300 Meter von der Karlsbrücke und 250 Meter von der Seilbahn auf den Petřín-Hügel entfernt. Es gibt eine reiche Auswahl an **tschechischen und internationalen Gerichten** sowie italienische und mährische Weine. Die Speisekarte ändert sich häufig, denn in der Küche werden nur frische, lokale Zutaten verwendet.

Nosticova 2a, 118 00 Praha 1 • Tram: Hellichova (12, 20, 22, 57) • +420 257 00 76 81 • www.altany-kampa.cz • Mo–So 11–24 Uhr
Hauptgerichte ab 185 CZK

Don't miss

Mit Studenten essen. In der Cafeteria der Prager Kunsthochschule ist es günstig (70 CZK) und man braucht nicht einmal einen Studentenausweis. Eingang Malostranské Náměstí 13, vis-à-vis der Nikolaus-Kirche.

✶ Bangkok Restaurant

Das nette thailändische Lokal ist eine Oase der Ruhe im Herzen der Kleinseite. Hier werden ganztägig leckere Suppen und Gerichte aus der **thailändischen und japanischen Küche** serviert. Empfehlenswert sind Thainudeln, Wok, Thaicurry, frische Meeresfrüchte,

Restaurants & Cafés   63

Sushi und die vegetarischen Optionen. Es gibt täglich ein Mittagsmenü.

Josefská 1, 118 00 Praha 1 • Tram: Malostranské náměstí (12, 20, 22, 57) • +420 2 11 15 13 02 • www.thajska restaurace.cz • Mo–So 11.30–22 Uhr • Menü ab 99 CZK

✳ Bohemia Bagel

Diese Restaurantkette hat sich auf **amerikanische Küche** spezialisiert. Auf der Speisekarte stehen Blaubeerpfannkuchen, verschiedene Bagel-Sorten, riesige Cheeseburger und Sloppy Joe (Hackfleischsoße im Brötchen). Dazu gibt es jede Menge amerikanischer Brause und Filterkaffee. Dem Käsesteak »Philly« mit Pommes und hausgemachtem Coleslaw-Salat kann man nur schwer widerstehen.

↑ *Altany Kampa: weiße Clubsessel, grüne Bar, und auf dem Tisch landen nur lokale Zutaten frisch zubereitet.*

gleichnamigen Art-déco-Juwel im Hotel de Paris in der U Obecního domu 1 im Stadtzentrum.

Maltézské náměstí 537/4, 118 00 Praha 1 • Tram: Hellichova (12, 20, 22, 57) • +420 6 03 16 07 18 • www.cafedeparis.cz • Mo–Fr 8–24, Sa, So 11.30–24 Uhr • Mittagsmenü 165 CZK

Lázeňská 19, 118 00 Praha 1 • Tram: Malostranské náměstí (12, 20, 22, 57) • +420 2 57 21 81 92 • www.bohemia bagel.cz • Mo–So 7.30–18 Uhr • Frühstück ab 30 CZK

✳ Café de Paris

Wie der Name verspricht, kommen hier keine dicken Knödel und Schweinebraten, sondern **französische Speisen** auf den Tisch. Es gibt leckeres Entrecôte, köstliche Käsesorten und erlesene Weine, Cocktails, Calvados und Pastis. Nicht zu verwechseln ist dieses von außen unscheinbare Café mit dem

✳ Café Lounge

Einen Spaziergang zum Petřín-Hügel kann man gut mit einem Besuch dieses Cafés verbinden. Serviert wird hier sehr guter, **frisch gerösteter Kaffee**. Aber auch Liebhaber edler Tropfen kommen auf ihre Kosten. Im Weinkeller stapeln sich Flaschen besten tschechischen und mährischen Weines bis unter die Decke. Im Angebot gibt es immer den Kaffee der Woche und eine Tagessuppe.

....

Plaská 615/8, 150 00 Praha 5 • Tram: Újezd (6, 9, 22, 57) • +420 257 40 40 20 • www.cafe-lounge.cz • Mo–Fr 7.30–22, Sa 9–22, So 9–17 Uhr • Frühstück: 65 CZK

✳ Café Savoy

Ein architektonisches Kleinod im Restaurant und Café Savoy ist die wunderschön restaurierte Kassettendecke aus Holz von 1893. Wer auf der Empore Platz nimmt, kann die Ornamente und Goldverzierungen aus nächster Nähe bewundern und vielleicht auch ungestört die tschechische Politprominenz beim informellen Informationsaustausch beobachten. Sehr beliebt sind hier das reichhaltige Frühstück und Gerichte aus der **Gourmet-Küche**. Eine eigene Bäckerei bietet täglich frische Konditoreiwaren und Brote.

....

Vítězná 124/5, 150 00 Praha 5 • Tram: Újezd (6, 9, 22, 57) • +420 257 311 562 • cafesavoy.ambi.cz • Mo–Fr 8–22.30 • Sa, So 9–22.30 Uhr • Hauptgerichte ab 145 CZK

✳ Coda

Das Essen im **Restaurant des Aria Hotels** ist ein kulinarisches und künstlerisches Erlebnis. Hotel und Restaurant wurden vom italienischen Architekturstudio Rocco Magnoli und Lorenzo Carmellini entworfen. Zur Ausstattung gehören Kunstwerke und Plastiken von Dalí, Chagall, Kodet, Myslbek und Picasso. Von Dienstag bis Sonntag gibt es Live-Klaviermusik. Das Coda hat eine der schönsten Dachterrassen Prags mit Blick auf die Burg, die Palastgärten und andere Paläste.

....

Tržiště 368/9, 118 00 Praha 1 • Tram: Malostranské náměstí (12, 20, 22, 57) • +420 2 25 33 47 61 • www.coda restaurant.cz • Mo–So 7–23.30 Uhr • Mittagsmenü: 490 CZK

✳ Klosterbrauerei Břevnov (Břevnovský Klášter)

Die Benediktiner des bereits 993 gegründeten Klosters waren die ersten, die in Böhmen Bier während der Fastenzeit als Ersatz für Brot und Fleisch brauten. In der **Klosterbrauerei** werden unter der Marke »Břevnovsky Benedict« heute wieder jährlich etwa 3000 Hektoliter Bier gebraut: helles und dunkles, ungefiltertes Lagerbier, Weizenbier, Pilsner und Imperial Stout.

....

Markétská 1/28, 169 00 Praha 6 • Tram: Břevnovský klášter (22, 25) • +420 6 07 03 83 04 • www.brevnovsky pivovar.cz • Mo u. Fr 10–17, Di–Do 10–18 Uhr • Klosterbier ab 69 CZK

Restaurants & Cafés 65

✴ Klosterbrauerei Strahov (Klášterní pivovar Strahov)

Die Klosterbrauerei Strahov wurde schon im 13. Jahrhundert gegründet und hat eine lange Tradition. Sie liegt auf dem Klostergelände, nicht weit vom Petřín-Hügel, in einer der schönsten Parkanlagen in der Stadt. Von hier aus sind es nur ein paar Schritte zur Prager Burg. Zum Angebot der **Mikrobrauerei** gehören saisonale Sorten unfiltrierter Hell- und Dunkelbiere. Dazu gibt es leckere deftige Gerichte wie Braumeistergulasch mit Zwiebeln und böhmischen Knödeln oder Gulaschsuppe im Brotlaib.

Hradčany, Strahovské nádvoří 301, 118 00 Praha 1 • Tram: Pohořelec (22) • +420 2 33 35 31 55 • www.klasterni-pivovar.cz • Mo–So 10–22 Uhr • Hauptgerichte ab 169 CZK

✴ Lokál u Bílé kuželky

In diesem Lokal kann man traditionelle, frisch zubereitete, **tschechische Gerichte** genießen. Verwendet werden Produkte namhafter regionaler Produzenten. Im Sommergarten schmeckt das Bier in der pittoresken Atmosphäre der Kleinseite noch besser.

Die barocke Palastatmosphäre im Pálffy-Palast verzauberte schon Tom Cruise, Luciano Pavarotti und Sean Connery. →

Míšeňská 12, 118 00 Praha 1 • Tram: Malostranské náměstí (12, 20, 22, 57) • www.lokal-ubilekuzelky.ambi.cz • +420 2 57 21 20 14 • Mo–Do 11.30–0, Fr 11.30–1, Sa 12–1, So 12–0 Uhr • Suppe: 39 CZK

✴ Malostranská Beseda

Malostranská Beseda ist ein bedeutendes kulturelles Zentrum in Malá Strana. Das Gebäude aus dem 17. Jahrhundert wurde vor ein paar Jahren restauriert. Im Erdgeschoss ist ein Café-Restaurant mit **lokaler Küche** untergebracht. Im Keller gibt es eine gemütliche Bierstube und im ersten Stock einen Musik- und Theater-Club.

Malostranské náměstí 21, 118 00 Praha 1 • Tram: Malostranské náměstí (12, 20, 22, 57) • +420 2 57 40 91 12 • www.malostranska-beseda.cz • Mo–So 11–23 Uhr • Hauptgerichte ab 159 CZK

Der Westen

✴ Pálffy Palác

Das Restaurant liegt im zweiten Stock des aus dem 18. Jahrhundert stammenden Pálffy-Palasts. Der Salon mit Deckenstuck und Kerzenlicht unterstreicht die barocke Palastatmosphäre und bezauberte schon Tom Cruise, Luciano Pavarotti und Sean Connery, die hier zu Gast waren. Im Sommer ist die schöne Terrasse mit Blick auf die Pálffy-Gärten geöffnet. Internationale und **altböhmische Gerichte**.

Valdštejnská 158/14, 118 00 Praha 1 • Metro: Malostranská (A) • +420 257 53 05 22 • www.palffy.cz • Mo–So 11–23 Uhr • Hauptgerichte ab 390 CZK

✴ U Malířů

Das historische Restaurant gibt es bereits seit 1543. Zu den Stammgästen gehörte König Rudolf II. Besessen hatte es einst ein Maler, daher auch der Name »U Malířů«. Das Lokal war lange Zeit Treffpunkt von Künstlern, die ihre Rechnungen oft mit eigenen Werken beglichen. R. Adámek und R. Jindřich haben die Räume 1936 reich mit Fresken ausgestattet. **Traditionelle Küche** in historischer Atmosphäre.

Maltézské náměstí 11, 118 00 Praha 1 • Tram: Hellichova (12, 20, 22, 57) • +420 257 53 03 18 • www.umaliru.cz • Mo–So 18–0 Uhr • Hauptgerichte ab 490 CZK

✴ Střelecký Ostrov

Weil das Restaurant auf einer Insel in der Moldau liegt, fühlt man sich hier wie im Urlaub. Im Sommer kann man auf der Terrasse sitzen, im Winter wird die Terrasse zum Wintergarten überdacht. Das Restaurant bietet einen wunderschönen Blick auf die Moldau und das Nationaltheater. Das Interieur verbindet modernes und klassisches Design und verschiedene Baustile von Gotik und Minimalismus. **Internationale Küche**.

Střelecký Ostrov 336, 110 00 Praha 1 • Tram: Národní divadlo (6, 9, 18, 22, 53) • +420 606 75 00 06 • www.streleckyostrov.cz • Mo–So 11–23 Uhr • Hauptgerichte ab 590 CZK

✴ Zum hängenden Kaffee (U Zavěšenýho Kafe)

Die soziale Idee in diesem Restaurant unterhalb der Burg: Man trinkt einen **Kaffee** und bezahlt zwei, damit ein nicht so gut situierter Gast diesen sogenannten »hängenden« Kaffee bestellen kann, ohne zu bezahlen. Über dem Türbogen wird Buch geführt. Etwa zehn Tassen gehen auf diese Weise pro Tag hin und her, heißt es.

Úvoz 6, 118 00 Praha 1 • Tram: Malostranské náměstí (12, 20, 22) • +420 605 29 45 95 • www.uzavesenyhokafe.cz • tgl. 11–0 Uhr • Kaffee: 40 CZK

Kleine Biere ganz groß

Im Bierkonsum sind die Tschechen Weltmeister: 160 Liter pro Jahr und Kopf werden in unserem durstigen Nachbarland getrunken. Neben bekannten Marken wie Pilsner Urquell, Budweiser Budvar, Gambrinus und Krušovice gibt es 500 weitere Biersorten. Da ist es kaum verwunderlich, dass Biertrinken im ganzen Land eine Philosophie für sich ist und auch die Prager auf sogenannte Mikrobrauereien schwören, die ausschließlich für den Bedarf ihres Lokals produzieren. Auf einer Biertour werden Pragbesucher durch das Dickicht der vielen kleinen Brauereien (www.prague-beer-tour.com) gelotst. Oft gibt es in den Lokalen der Mikrobrauereien nur wenige, meist naturtrübe Sorten, aber die sind vorzüglich. Das Bier wird immer frisch gezapft. Das berühmteste und älteste Beispiel einer Kleinbrauerei ist das »U Fleků« aus dem 15. Jahrhundert. Für die Prager ist es das, was für die Münchner das »Hofbräuhaus« ist, und daher von Touristen oft überlaufen.

Vor allem Prags Klosterbrauereien setzen ihre Tradition fort, ganz im Einklang mit der Rückbesinnung auf ein ehrlich gebrautes Bier. So waren es Benediktinermönche im Stift Břevnov, die in Böhmen erstmals während der Fastenzeit Bier brauten, das hier heute »Břevnovsky Benedict« heißt. Auch die Prämonstratenser vom Kloster Strahov setzen ihre Braukunst fort.

Nach einer Biertour möchte man am liebsten gleich vom Tisch ins Bett fallen. In Prag ist das möglich: im einzigen Brauereihotel »U Medvídků«, wo Teile einer ehemaligen mittelalterlichen Brauerei zu einem Drei-Sterne-Hotel umgebaut wurden und man auch noch lernen kann, sein eigenes Bier zu brauen. Die Biertradition der Stadt geht sogar so weit, dass es auch Bier-SPAs gibt, wo man im Holzzuber in Bier baden und gleichzeitig noch Bier trinken kann. (Siehe Wellness, Zentrum, S. 34).

Der Westen

Wellness

Will man die Zeit zur Erholung nicht unbedingt im Spa eines Hotels verbringen, lohnt auf der Kleinseite ein Spaziergang durch den weitläufigen Park am Laurenziberg, dem mit 318 Meter höchsten der sieben Hügel Prags. Hier kann man mit traumhaftem Blick auf die Altstadt und die Burg entspannen und sich dabei ein wenig wie in Paris fühlen, denn der Petřin-Turm ist eine Kopie des Eiffelturms. Auch auf der Kampa-Halbinsel zwischen Moldau und Teufelsbach lohnt vor oder nach dem Museumsbesuch ein romantischer Spaziergang oder eine Bootsfahrt in Klein-Venedig. Eine direkt aus dem Wasser ragende Zeile kleiner Häuschen ist hier ein reizvoll anzusehendes Ensemble. Und auf der Kampa-Brücke haben Besucher aus aller Welt unzählige Schlösser als Zeichen ihrer Liebe für immer angeschlossen.

✳ I Like E-Bike

Relativ entspannt und individuell kann man die hügelige Kleinseite von Prag mit einem **Elektrofahrrad** erkunden. Die E-Bikes von I Like E-Bike haben ein GPS-Navigationssystem, das sich als Guide zu den wichtigsten Sehenswürdigkeiten verwenden lässt. Wer sich dann doch entscheidet, etwas mehr für die Gesundheit zu tun, schaltet den Elektromotor einfach aus und tritt wie bei einem gewöhnlichen Fahrrad in die Pedale.

Vlašská 15, 118 00 Praha 1 • Bus: Šporkova (292) • +420 6 04 47 45 46 • www.ilikeebike.com • Ausflüge mit GPS-Guide ab 975 CZK

Don't miss

Den Eiffelturm besuchen, ohne dafür nach Paris fahren zu müssen: Der Petřin-Turm sieht genauso aus und liegt idyllisch in einem weitläufigen Park am Laurenziberg.

✳ Laurenziberg (Petřin)

Zur Kleinseite gehört auch der weitläufige Park am Laurenziberg (Petřin), dem mit 318 Metern höchsten der sieben Hügel Prags. Der 60 Meter hohe Petřin ist ein **Eisenturm**, der 1891 anlässlich einer Jubiläumsausstellung als Kopie

Wellness 69

des Pariser Eiffelturms errichtet wurde. Er ist Schauplatz in Franz Kafkas Kurzgeschichte »Beschreibung eines Kampfes« und Milan Kunderas Roman »Die unerträgliche Leichtigkeit des Seins«. Die Parkanlage mit einem traumhaften Blick auf Altstadt und Burg ist ideal zum Entspannen.

Petřínské sady, 118 00 Praha 1 • Eine Drahtseilbahn im viktorianischen Stil bringt Lauffaule von der Újezdstraße (Újezd Ulice) auf den Hügel (tgl. 9–23.30 Uhr) • +420 2 57 32 01 12 • www.muzeumprahy.cz • April–Sept. tgl. 10–22, Okt.–März tgl. 10–20, Nov.–Febr. tgl. 10–18 Uhr • Eintritt: 120 CZK

✶ Lily Wellness & Spa

Im Hotel Hoffmeister unterhalb der Prager Burg findet man ein gut ausgestattetes **Wellness- und Spa-Bad**. Der Whirlpool ist in einem nachempfundenen römischen Bad untergebracht. Eine Besonderheit ist das Dampfbad in einer Höhle aus dem 15. Jahrhundert, die früher eine Folterkammer war. Aber keine Sorge: Gefoltert wird man nicht bei den vielen Massageangeboten wie Hawaii-Massage mit Lavasteinen, Aromatherapie, Schokoladen- und Shiatsu-Massage. Anmeldung erforderlich.

Pod Bruskou 7, 118 00 Praha 1 • Metro: Malostranská (A) • +420 2 51 01 71 11 • www.hoffmeister.cz • Mo–So 9–20 Uhr • römisches Bad: 900 CZK

✶ Prague By E-Bike

Karlsbrücke, Altstädter Ring und Prager Burg an der frischen Luft besichtigen, ohne auf den vielen Pflasterstraßen schnell zu ermüden, das funktioniert am besten bei einem Ausflug mit dem **Elektrofahrrad**. Prague By E-Bike organisiert zwei dreistündige Ausflüge täglich.

Aufrecht und mit Akkuantrieb: Auf einem Segway kommt man bequem auch durch den hügeligen Teil der Stadt. →

Nosticova 469/6, 118 00 Praha 1 ·
Tram: Hellichova (12, 20, 22, 57) ·
+420 6 03 99 33 93 ·
www.praguebyebike.com ·
990 CZK/3 Std.

✶ Segway Experience

Es reicht schon, sich ein wenig vorzubeugen, und schon geht es los. Auf einem Segway steht man aufrecht auf zwei Rädern und steuert mittels Gewichtsverlagerung die Geschwindigkeit. Maximal 20 Stundenkilometer sind mit dem **akkubetriebenen Gefährt** möglich. Die Tour beginnt auf der ruhigen Kampa bei der Karlsbrücke, führt dann nach oben zur Prager Burg, weiter auf den Petřín-Hügel, über die Moldau zum Nationaltheater, Wenzelsplatz, Altstädter Ring und zurück zur Karlsbrücke. Begleitet wird die dreistündige Fahrt von einem professionellen Reiseleiter.

Mostecká 4, 118 00 Praha 1 · Tram: Malostranské náměstí (12, 20, 22, 57) ·
+420 7 31 23 82 64 ·
www.segwayfun.eu · 1000 CZK

✶ Thai World

Die Thaimassage wird manchmal auch **Thai-Yoga-Massage** genannt, weil die Therapeuten Hände, Füße und Knie benutzen, um den Körper in verschiedenen, Yoga ähnlichen Positionen zu strecken. Thai World hat drei Zentren in Prag, in denen man sich in einer ruhigen, exotischen Atmosphäre erholen kann.

Nerudova 25, 118 00 Praha 1 · Bus: Nerudova (292) · +420 2 57 21 79 38 ·
www.thaiworld.cz · Mo–So 9–22 Uhr ·
traditionelle Thaimassage: 599 CZK

✶ The Augustine

Die Behandlungen im Spa des Hotels sind von organischen Produkten und alten Rezepturen der Augustinermönche inspiriert. Beim »beer body ritual« kommt Bier aus der Klosterbrauerei St. Thomas zum Einsatz. Auf **luxuriöse Spa-Kosmetik** wie beispielsweise von Kerstin Florian wird dennoch nicht verzichtet. Neben Dampfbad und Sauna gibt es auch ein Hamam.

Letenská 12/33 · 118 00 Praha 1 ·
Metro: Malostranská (A) ·
+420 26 61 12 27 13 ·
www.theaugustine.com/augustine-spa · Mo–So 9–21 Uhr

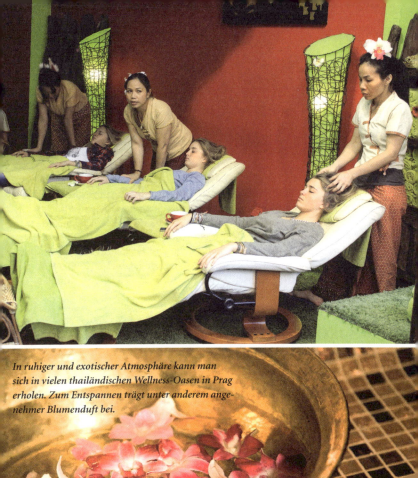

In ruhiger und exotischer Atmosphäre kann man sich in vielen thailändischen Wellness-Oasen in Prag erholen. Zum Entspannen trägt unter anderem angenehmer Blumenduft bei.

Der Westen

Ausgehen

Da sich die Feiermöglichkeiten auch auf der Kleinseite schier übertreffen, empfiehlt es sich, den Abend wie die Einheimischen zu verbringen: Erst etwas essen gehen, dann auf einen Drink in eine Bar, bevor man die Nacht in einem der angesagten Clubs der Stadt ausklingen lässt. Durch die Nähe zur Burg ist die Kleinseite auch das Viertel der ausländischen Botschaften. Nach Feierabend treffen sich in den Lokalen viele internationale Entscheidungsträger, Lobbyisten und Journalisten. Weshalb man hier auch manchmal den aktuellsten Gerüchten lauschen kann, denn es wird nicht nur Tschechisch gesprochen. Durch die Nähe zur Moldau bieten einige Locations einen tollen Blick auf die erleuchtete Stadt.

✶ 1887 Bar

Die **Hotelbar** des »Augustine« im ehemaligen Speisesaal des Klosters unter hohen Kreuzgewölbedecken ist abends besonders romantisch, da Kerzenlicht den ganzen Raum erleuchtet. Dazu passt die hauseigene Cocktailkreation »Engel«. In der Bar der früheren Klosterbrauerei, ebenfalls im Hotel, kann man das St.-Thomas-Bier probieren, das noch immer nach der Rezeptur der Mönche von 1352 gebraut wird. In den Kreuzgewölben gibt es Stalaktiten und Stalagmiten aus dem 17. Jahrhundert.

Letenská 12/33, 118 00 Praha 1 • Metro Malostranská (A) • +420 2 66 11 22 80 • www.augustinehotel.com • tgl. 12–0 Uhr

Geht gar nicht

Prag wirkt manchmal ein wenig ausgelassener als andere europäische Großstädte und ist ein beliebtes Ziel für Junggesellinnenabschiede. Bei Pragern kommt es jedoch nicht gut an, wenn Ladys grölend durch die Straßen ziehen.

✶ Blue Light Bar

Obwohl dieser **Club** bis früh morgens geöffnet ist, bleibt die Atmosphäre immer sehr entspannt. Das Interieur erinnert an einen Gewölbekeller, auch die Fotos sind absichtlich antik. Die Bar liegt nur ein paar Schritte von der

Ausgehen 73

Karlsbrücke entfernt und ist ein beliebter Treffpunkt für Lobbyisten und Journalisten.

Josefská 42/1, 110 00 Praha 1 • Tram: 12, 20, 22 (Malostranské náměstí) • +420 2 57 53 31 26 • www.bluelight bar.cz • tgl. 22–5 Uhr • Cocktails ab 105 CZK

✳ Dobrá trafika

Die Wände des Cafés fungieren regelmäßig als Galerie für Wechselausstellungen verschiedener Künstler, deren Werke man auch kaufen kann. Dazu werden oft **Live-Konzerte** professioneller Jazz- und Swingmusiker veranstaltet. Außerdem gibt es einen schönen Garten. Dobrá trafika heißt übersetzt übrigens »gutes Tabakgeschäft«.

Újezd 37, 110 00 Praha 1 • Tram: Hellichova (12, 20, 22) • +420 732 85 23 64 • www.dobratrafika.cz • Mo–Fr 7.30–23, Sa 8–23, So 9–23 Uhr

✳ J.J. Murphy's Irish Bar

Die beiden Inhaber des Pubs kommen aus Dublin. Authentisch irisch sind deshalb auch die Getränke. Jede Woche gibt es eine Degustation und was bei den Gästen gut ankommt, wird auch an den nächsten Tagen angeboten. Auf der Karte stehen deftige Gerichte, aber auch passende Snacks fürs Glas Bier. Und wie in einem typischen **irischen**

↑ *Al Di Meola spielt bei den Prager Jazzwochen. Im Dobrá trafika gibt es Jazz das ganze Jahr über.*

Pub werden Sportereignisse wie große Fußballspiele gezeigt.

Tržiště 4, 110 00 Praha 1 • Tram: Malostranské náměstí (2, 20, 22) • +420 2 57 53 55 75 • www.bestirishbar prague.com • So–Mi 10–24, Do–Sa 10–1 Uhr • Bier: 99 CZK

✳ Klub Občanská Plovárna

Dieser **architektonisch interessante Club** ist in einem klassizistischen Gebäude untergebracht, das früher ein Schwimmbad war. Im Sommer kann man durch offene Türen auf die Terrassen ans Ufer der Moldau gehen und hat von dort einen wunderschönen Blick auf die Altstadt. Im Gebäude ist auch

Der Westen

↑ *Selbst gezapft: In einigen Wirtshäusern dürfen sich Gäste ihr naturtrübes Bier selber einschenken.*

ein Thai-Restaurant. An den Wochenenden verwandelt sich der Ort in einen pulsierenden Musik-Club.

U Plovárny 8, 110 00 • Metro: Malostranská (A) • +420 257 53 14 51 • www.obcanskaplovarna.cz • tgl. 11–23 Uhr (oder je nach Programm)

✶ Klub Újezd

Der Club veranstaltet Livekonzerte, Video-Projektionen und **Disco-Abende**. Im selben Gebäude gibt es ein Café und eine Bierstube. Auf den Fluren werden Ausstellungen gezeigt. Im Programm ist für jeden Geschmack etwas dabei. Ein Blick ins Veranstaltungsprogramm kann sich lohnen.

Újezd 18, 118 00 Praha 1 • Tram: Újezd (12, 20, 22, 57) • +420 2 51 51 08 73 • www.klubujezd.cz • Mo–So 14–4 Uhr Bier: 37 CZK

✶ Le Mirage

In diesem Club läuft vor allem Breakbeat und Drum'n'Bass, Jungle, Reggae, Dancehall, Hip Hop und R&B. In der Bar kann man alkoholische und auch alkoholfreie Getränke bestellen, und vor allem Cocktails zu günstigen Preisen. Wer gerne Rum trinkt, wird begeistert sein: Auf der **speziellen Rumkarte** erfährt man vieles über die verschiedensten Sorten.

Újezd 5, 150 00 Praha 5 • Tram: Újezd (6, 9, 12, 20, 58) • +420 2 57 31 00 44 • www.lemirage.cz • Mo–So 17–2 Uhr Bier: 32 CZK

✶ Mad Bar

Im Hauptsaal der modern eingerichteten Mad Bar gibt es eine Leinwand mit Projektor. Mindestens einmal im Monat wechseln die Ausstellungen junger Künstler. Die **Bar** bietet auch eine große Auswahl an Drinks. Im gemütlichen Garten kann man im Sommer draußen sitzen.

Plaská 5, 150 00 Praha 5 • Tram: Újezd (6, 9, 12, 20, 58) • +420 2 57 21 98 55 • www.madbar.cz Mo–Fr 11.30–22, Sa 16.30–22 Uhr Bier: 45 CZK

Ausgehen 75

✳ Malý Vinograf

Vor allem Prager besuchen diese **Weinbar** auf der malerischen Kleinseite. Die meisten Weine kommen von kleinen tschechischen und mährischen Weinbauern. Wer möchte, kann sich hier zu jedem Wein auf der Karte kompetent beraten lassen. Flaschenweine gibt es auch zum Mitnehmen.

Míšeňská 8, 110 00 Praha 1 • Tram: Malostranské náměstí (2, 20, 22) • +420 604 70 57 30 • www.vinograf.cz • Mo–Sa 16–1, So 14–22, Essen bis 22.30 Uhr

✳ Potrvá

»Es dauert noch«, lautet die Übersetzung des Café-Namens. Vielleicht, weil das Personal zwischen Café, kleinem Theater und Club hin- und herwechselt. Es ist hier angenehm ruhig, denn es liegt abseits der touristischen Pfade. Und das Café hat einen romantischen Sommergarten. Zum Kulturprogramm gehören **Theater- und Konzert-Aufführungen**, Projektionen und Ausstellungen.

Srbská 347/2, 16000 Praha • Metro: Dejvická (A) • +420 2 22 96 37 07 • www.potrva.cz • Mo–So 15–0 Uhr

✳ The PUB – Pilsner Unique Bar

In diesem Wirtshaus dürfen sich die Gäste ihr naturtrübes Bier selbst einschenken. Auf großen Bildschirmen kann man vergleichen, an welchem Tisch, nicht nur in diesem Restaurant, sondern auch in anderen Städten und Ländern, die größte Menge Bier an diesem Abend getrunken wird. »The PUB« gibt es bislang fünfmal in Prag. Allerdings wird es von Gruppen bevölkert, die gerne **Rekorde im Biertrinken** aufstellen wollen. Ist also eher was für trinkfeste Freundinnen oder Junggesellinnenabschiede ...

Čs. armády 22, 160 00 Praha 6 • Metro: Dejvická (A) • +420 23 01 90 77 • www.thepub.cz • Mo–Fr 11–0, Sa 16–2, So 16–23 Uhr • Happy Hour tgl. bis 18 Uhr • Bier: 34 CZK

✳ U Malého Glena

U Malého Glena wurde 1995 gegründet und gehört seitdem zu den beliebtesten Prager Clubs. Das liegt am breiten Getränkeangebot und an der guten **Jazz- und Bluesmusik.** In Kellerräumen kann man bis früh morgens zwischen mehr als 70 verschiedenen Cocktails wählen oder tschechisches Bier wie Budvar, Pilsner Urquell, Bernard, Kelt und Velvet trinken.

Karmelitská 23, 118 00 Praha 1 • Tram: Malostranské náměstí (12, 20, 22), Metro: Malostranská (A) • +420 2 57 53 17 17 • www.malyglen.cz • Mo–Fr 10–2, Sa, So 10–3 Uhr • Frühstück zu jeder Tages- und Nachtzeit

Der Westen

Übernachten

Auf der Kleinseite Prags wohnt es sich besonders heimelig in kleinen historischen Häusern, die sich in engen Gässchen rund um den Burgberg reihen. Ein architektonisches Gesamtbild von Türmen, Hausdächern, Kuppeln und Kirchen. Kleiner sind die Zimmer deshalb hier nicht zwingend, denn manchmal nehmen sie gleich das ganze Dachgeschoss ein. In historischer Bausubstanz zu logieren, ist auf der Kleinseite meist etwas ruhiger als im Altstadtzentrum, aber deshalb nicht unbedingt preiswerter. Man hat die Wahl zwischen Zimmern in ehemaligen Klöstern oder in einem früheren Theater, das zum Musik-Hotel umfunktioniert wurde. Oder aber man quartiert sich gleich dort ein, wo sich Politiker und Diplomaten treffen, denn das Botschaftsviertel liegt auch auf dieser Seite der Stadt.

✳ Alchymist Grand Hotel

Betritt man durch das Barockportal den Innenhof des **Fünf-Sterne-Hotels** mit Spa, plätschert dort ein Renaissance-Brunnen und unter Loggien laden Fresken und Fantasielandschaften zum Verweilen ein. Ein verspieltes kleines Café erinnert an venezianische Caféhäuser. Die 46 Zimmer warten mit Böhmischen Glaslüstern, Himmelbett und Engelsputten auf. Es gibt einen Limousinenservice im Rolls-Royce.

....

Tržiště 19, 110 00 Praha 1 • Metro: Malostranské náměstí (A) • +420 2 57 28 60 11 • www.alchymist hotel.com • DZ ab 8500 CZK

✳ Aria Hotel

Einst war es ein Theater, nun hat man das Haus in ein **Musik-Hotel** mit 51 Luxus-Zimmern verwandelt. Jedes der vier Stockwerke ist einem anderen Musikstil gewidmet: von Oper bis Jazz. Die Zimmer sind z. B. nach Puccini, Dvořák, Bernstein, Mozart oder Billie Holiday benannt. Bill Clinton wohnte in der rosafarbenen Mozart-Suite mit Blick auf den Barockgarten Vrtbovská. Das Hotel hat ein schönes Dachterrassen-Restaurant mit Burgblick.

....

Tržiště 9, 118 00 Praha 1 • Metro: Malostranské náměstí (A) • +420 2 25 33 41 11 • www.ariahotel.net DZ ab 5116 CZK

✵ Arpacay Backpackers Hostel

Das **Hostel** befindet sich in einem historischen Gebäude aus dem 16. Jahrhundert. Von dort hat man eine wunderschöne Aussicht über die Dächer der Kleinseite und man kann unter einem schattigen Laubengang sitzen. Es liegt in der malerischen Neruda-Gasse, die direkt zur Burg führt. Im Hostel gibt es moderne, helle Zwei- und Dreibettzimmer und große Schlafsäle unter historischem Dachgebälk, zwei davon sind ausschließlich für Frauen reserviert. Die Rezeption ist 24 Stunden besetzt.

Nerudova 40 (dříve Radlická 76), 118 00 Praha 1 • Tram: Malostranské náměstí (12, 20, 22) • +420 2 51 55 22 97 • www.arpacayhostel.com • Schlafsaal: 190 CZK • DZ ab 440 CZK

✵ Hotel Hoffmeister

Die etwas abgelegene und ruhige Lage unterhalb der Burg machte dieses komfortable **Fünf-Sterne-Hotel** schon immer zum Politiker- und Diplomaten-Treff. Hier konnten sie sich von jeher ungestört zu Geschäftsessen treffen. Weshalb das Haus gleich über zwei Restaurants verfügt. Der Chefkoch des Gourmet-Restaurants Ada bereitet täglich ein Drei-Gänge-Degustations-Menü zu. Auch ein gut ausgestatteter Wellness- und Spa-Bereich gehört zum Haus. Die 49 Zimmer und Suiten sind im klassischen Stil ausgestattet.

Pod Bruskou 7, 118 00 Praha 1 • Metro: Malostranská (A) • +420 2 51 01 71 11 • www.hoffmeister.cz • DZ ab 2275 CZK

✵ Mandarin Oriental

Das **Fünf-Sterne-Luxushotel** mit 91 Zimmern residiert in einem ehemaligen Dominikaner-Kloster aus dem 14. Jahrhundert und bietet den besten Service, auch unter den Hotel-Restaurants. Außergewöhnlich sind das Spa und der Mini-Pool in der ehemaligen Klosterkapelle. Manche Suiten verfügen noch über gotische Gewölbe.

Nebovidská 1, 118 00 Praha 1 • Tram: Hellichova (12, 20, 22) • +420 2 33 08 88 88 • www.mandarinoriental.de/prague • DZ ab 7353 CZK

Billie Holiday lässt grüßen: Im Hotel Aria ist jedes Zimmer einem anderen Musiker gewidmet. →

↑ *Historischer Schrank in der Glaskabine: Das Klosterhotel Monastery wartet mit mancher Kostbarkeit auf.*

✶ Residence Monastery

Das **romantische Klosterhotel** liegt in einem ruhigen Garten des Strahover Klosters in der ehemaligen Wäscherei der Prämonstratenser. Die Zimmer sind renoviert und die Möbel historisch. In der nahen Umgebung des Hotels liegen das Burgviertel und der weitläufige Park um den Petřín.

Strahovske Nadvori 13, 118 00 Praha 1 · Tram: Pohořelec (22) · +420 2 33 09 02 00 · www.hotel monastery.cz · DZ ab 2050 CZK

✶ Sax Vintage Design Hotel

In diesem **Design-Hotel** auf der Kleinseite ist die Beat- und Popkultur zu Hause: Schalensessel, psychedelische Tapetenmuster und Spiegelscheiben, die von der Decke in den Lichthof baumeln, bunt gemusterte Bettwäsche und moderne Stühle gehören zur Einrichtung der 22 mit grellbunten Accessoires dekorierten Zimmer. Eine Dachterrasse mit Bar und Blick aufs Burgviertel gehört ebenso zum Repertoire.

Jánský vršek 328/3, 118 00 Praha 1 · Bus: Šporkova (292) · +420 2 57 53 12 68 · www.hotelsax.cz · DZ ab 3121 CZK

✶ The Augustine

Das **Luxushotel** umfasst insgesamt sieben gotische Gebäude, darunter auch das ehemalige über 800 Jahre alte Augustinerkloster. Das Design der 101 Zimmer und Suiten ist vom Kubismus inspiriert. Im Kellergewölbe der ehemaligen Klosterbrauerei St. Thomas und im ehemaligen Refektorium sind heute zwei stilvolle Bars eingerichtet.

Letenská 12/33, 118 00 Praha 1 · Metro: Malostranská (A) · +420 2 66 11 24 22 23 · www.the augustine.com · DZ ab 7250 CZK

Von Sternen und Hobby-Hoteliers

Prag entwickelte sich nach der Wende 1989 sehr rasch zur Europametropole, die es neu zu entdecken galt. Ohne Zwangsumtausch und für viele Nationalitäten ohne Visumspflicht! So strömten alsbald immer mehr Besucher in die Stadt. In den Folgejahren kam es zu einem regelrechten Bauboom bei Hotels. Aktuell listet das Prager Hotelverzeichnis knapp 50 Fünf-Sterne-Hotels auf. Nach internationalen Standards erfüllen aber im Schnitt nicht einmal eine Handvoll diese Kategorie.

Im Stadtzentrum ist es immer noch möglich, in einem der vielen schönen Jugendstilhotels zu bezahlbaren Preisen zu nächtigen. Denn die internationale Konkurrenz ist groß und anders als Paris oder London wird Prag keineswegs als Luxusdestination eingestuft. In vielen Luxushotels ist deshalb der Übernachtungspreis, vor allem in der Nebensaison, noch verhandelbar.

Die nach der Wende entstandene Überkapazität an Luxushäusern führte inzwischen dazu, dass bereits die ersten Federn lassen mussten. So zog sich Rocco Forte aus »The Augustine« zurück und auch die edle Kempinski-Gruppe hat das Stadtpalais in der Hybernská wieder verlassen. Das Four Seasons hingegen schloss bei geringerem Gästeaufkommen schon mal einen Seitenflügel, um das Preisgefüge aufrechtzuerhalten.

Dabei werden die Touristen nicht weniger, sie geben nur deutlich weniger Geld aus. Und auch in Prag entwickeln sich Privatunterkünfte immer mehr zu einer günstigen Alternative. Einheimische ziehen in eine preiswertere Wohnung an den Stadtrand, um ihr Appartement im Zentrum zu vermieten. Inzwischen haben sich auch in Prag Buchungsportale wie Wimdu, Airbnb, 9flats oder House Trip positioniert, deren Gäste sich einen privaten Kontakt zum Vermieter und wertvolle Insidertipps wünschen.

Der Süden

Shoppen und Entdecken in der Neustadt (Nové Město), Vyšehrad und Smíchov, den Geschäfts- und Kulturzentren der Stadt

Wer noch nie in Prag war, denkt beim Namen Neustadt unwillkürlich an Neubauten und moderne Hochhäuser mit wenig Charme. Doch das stimmt nicht. Die Prager Neustadt (Nové Město) mit dem Wenzelsplatz ist das Zentrum der Einheimischen und ein Schauplatz der politischen Wendepunkte. Hier entschieden sich Katastrophen wie Sternstunden der Politik: 1968 rollten russische Panzer zur Besetzung ein und 1989 verkündeten Václav Havel und Alexander Dubček die baldige Freiheit.

Die Neustadt wurde 1348 von Karl IV. gegründet. Und der hatte große Pläne. Schließlich war er König von Böhmen und zugleich römisch-deutscher Kaiser. Schon deshalb wollte er Prag zur modernsten Metropole Europas und zur Hauptstadt des Heiligen Römischen Reiches machen. Aus diesem Grund ließ er den alten Stadtkern mit einem halbkreisförmigen, etwa zwei Quadratkilometer großen Areal, der Neustadt, umschließen. Auf diese Weise verdreifachte er das Stadtgebiet und ließ auch durch breitere Straßen und große Plätze wie den Viehmarkt (Karlovo náměstí), den Rossmarkt (Wenzelsplatz) und den Heumarkt (Senovázné náměstí) die Stadt verändern.

Anfang des 19. Jahrhunderts fanden erneut großflächige Umbauarbeiten statt, sodass die meisten Begrenzungen der früheren Neustadt verschwanden. Geblieben sind eindrucksvolle Renommierbauten wie das Nationaltheater, das Nationalmuseum und das Neustädter Rathaus.

Im Stadtteil Vyšehrad spielt eine der liebsten Legenden der Prager. Der einstige mittelalterliche Burgwall soll der Sitz der Seherin Libuše gewesen sein. Sie gilt in der Mythologie als Stammmutter der Tschechen und soll die Gründung Prags prophezeit haben. Auf der gegenüberliegenden Seite der Moldau liegt Smíchov, ein ehemaliges Arbeiterviertel, das sich immer mehr zum In-Viertel wandelt, weil hier viele internationale Firmen und Verlage sowie die Filmstudios Barrandov ihren Sitz haben.

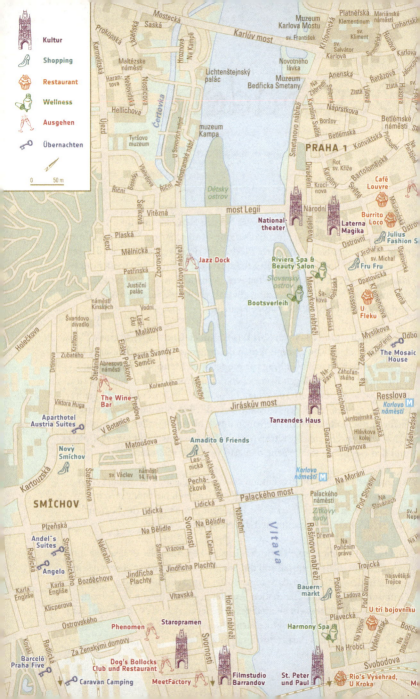

Kultur

Während die Touristen im Sommer durch die Altstadt streifen, haben die Einheimischen die Neustadt weitgehend für sich. Denn abseits des Wenzelsplatzes mit seinen Einkaufspassagen und Geschäften entdeckt man, von welch vielfältigen Stilrichtungen das Stadtbild des Südens geprägt ist. Darunter finden sich Traditionsbauten wie das Nationaltheater und das Nationalmuseum, aber auch ein dekonstruktivistischer Bau wie das von Frank O. Gehry gebaute Tanzende Haus. Dass sich das ehemalige Arbeiterviertel Smíchov zum Ausgehviertel wandelt und hier immer mehr Künstler und Medienschaffende ihre Büros einrichten, überrascht nicht, denn seit den 1930er-Jahren befinden sich hier schon die Barrandov-Filmstudios.

✶ Karlsplatz (Karlovo Náměstí)

Der Karlsplatz ist Schauplatz des ersten **Prager Fenstersturzes.** Der 42 Meter hohe Turm kann über 221 Stufen erklommen werden. Von seinen räumlichen Ausmaßen übertrifft der Karlsplatz sogar den Wenzelsplatz. Sein Herzstück ist ein Park mit Statuen aus dem 19. Jahrhundert. Zu den markanten Gebäuden zählen der mächtige Querbau der Technischen Hochschule von 1867, die Kirche St. Ignatius mit dem angeschlossenen, monumentalen ehemaligen Jesuitenkolleg, das seit dem 18. Jahrhundert ein Krankenhaus ist, und das Neustädter Rathaus (Novoměstská Radnice) von 1348.

Karlovo náměstí 1/23, 128 00 Praha 2 • Tram: Karlovo náměstí (3, 4, 6, 10, 14, 16, 18, 22, 24, 51, 52, 53, 54, 55, 56, 57, 58, 59, 91) • +420 224 94 82 29 • www.nrpraha.cz • Turm: April–Okt. Di–So 10–18 Uhr

Don't miss

Die wunderbaren Bürgerhäuser, viele aus der Zeit des Jugendstils die sich zwischen Nationaltheater und Tanzendem Haus an der Moldau entlang aneinanderreihen. Zum Fotografieren steht die Sonne dort am Nachmittag am besten.

Kultur 85

✶ Filmstudios Barrandov

Drei Kilometer südlich des Stadtviertels Smíchov liegen diese Filmstudios, die durch **Hollywood-Produktionen** wie »Amadeus«, »Yentl«, »Mission Impossible« und »Casino Royale« über Tschechien hinaus bekannt wurden. Seit der Gründung in den 1930er-Jahren wurden hier bis heute über 2500 tschechische und ausländische Filme gedreht. Elf Ateliers verteilen sich auf einer Fläche von etwa 9000 Quadratmetern.

Kříženeckého nám. 322/5, 152 00 Praha 5 • Tram: Geologická (6, 12 14, 20) • +420 2 67 07 11 11 • www.barrandov.cz • Führungen auf Englisch jeden ersten Sa im Monat. Termine nur über eine E-Mail auf Englisch an: prohlidky@barrandov.cz

✶ Laterna Magika

Berühmt ist die Laterna Magika, die in einem auffallend klobigen Glas-Beton-Bau untergebracht ist, für ihr Illusionstheater. Bereits über 6000 Mal wurde der legendäre **Zauberzirkus** seit der Gründung des Theaters 1965 aufgeführt.

Národní 4, 110 00 Praha 1 • Tram: Národní divadlo (6, 9, 17, 18, 22, 23) • +420 2 24 94 64 36 • www.narodni-divadlo.cz/en/laterna-magika • Karten ab 260 CZK

✶ Museum des Kommunismus (Muzeum Komunismu)

Hier werden Fotos, Videos und 3-D-Installationen zu allen Themen der **Geschichte des Kommunismus** in Tschechien mit Schwerpunkt auf Prag gezeigt.

Na příkopě 10, 110 00 Praha 1 • Metro: Můstek (A) • +420 2 24 21 29 66 • www.muzeumkomunismu.cz • tgl. 9–21 Uhr • Eintritt: 190 CZK

✳ Nationalmuseum (Muzeum Národního)

Das Nationalmuseum thront imposant am oberen Ende des Wenzelsplatzes. Das wichtigste, sehenswerteste und größte Museum des Landes zur **Kultur- und Naturgeschichte** ist jedoch wegen Renovierung noch bis mindestens Mitte 2015 komplett geschlossen. Einzelne Wechselausstellungen finden nebenan, in dem ehemaligen Gebäude der Föderalversammlung der Tschechoslowakei, statt, einer kuriosen Glas- und Stahlkonstruktion auf Stelzen.

Václavské nám. 68, 115 79 Praha 1 • Metro: Muzeum (A, C) • +420 2 24 49 71 11 • www.nm.cz • übergangsweise im Gebäude der Föderalversammlung: Di–Do 10–18, Mi 9–18 Uhr • Eintritt: 110 CZK

↓   *Ballett in der Staatsoper: Da wird der Theaterbesuch auch ohne Tschechischkenntnisse zum Genuss.*

✳ Nationaltheater (Národní Divadlo)

Die Prager nennen ihr Nationaltheater »kleine Goldkapelle«. Sein golden glänzendes Dach ist unübersehbar. Das Theater, das nur zu Veranstaltungen geöffnet ist, liegt gegenüber vom Café Slavia und direkt am Ufer der Moldau. Der Spruch über dem Eingang bedeutet »Der Nation für sich selbst«, denn das Theater wurde aus Spenden der Bevölkerung finanziert. Zur Aufführung kommen **Drama, Oper und Ballett** in klassischen und modernen Inszenierungen auf höchstem Niveau.

Národní 2, 110 00 Praha 1 • Tram: Národní divadlo (6, 9, 17, 18, 22, 23) • +420 2 24 90 14 48 • www.narodni-divadlo.cz • Kartenschalter tgl. 10–18 Uhr

✳ Staatsoper (Státní Opera)

Am südlichen Ende neben Nationalmuseum und dem ehemaligen Gebäude der Föderalversammlung lohnt ein Blick auf die wunderschöne Staatsoper, die meist **Smetana-Theater** genannt wird. Der Bau ist außen klassizistisch und von innen in üppigem Neorokoko gestaltet und nur zu Veranstaltungen geöffnet.

Wilsonova 4, 110 00 Praha 1 • Metro: Muzeum (A, C) • +420 2 96 11 71 11, +420 2 24 22 67 • www.opera.cz

Hauptstadt der Illusionen

Der Staatspräsident räumt seinen Schreibtisch für einen Schauspieler. In Prag ist das kein Problem. Für den Film »Bad Company« machte Václav Havel 2001 in seinem Büro für ein paar Drehtage Platz für Anthony Hopkins. Schon bald nach der politischen Wende entdeckten internationale Location-Scouts in Prag ein wahres Paradies. Die Bauwerke der Moldaumetropole hatten bereits den Zweiten Weltkrieg ohne nennenswerte Schäden überstanden und der anschließende Sozialismus hatte über weite Strecken eine intakte, historische Bausubstanz konserviert, wie sie in Europa vergleichbar nur mehr in Wien, London oder Paris vorhanden ist. Allerdings sind dort die Produktionskosten erheblich höher. Deshalb schätzen viele Filmemacher neben der gut erhaltenen Prager Stadtkulisse auch die international bekannten »Barrandov Studios« (siehe Seite 85).

Schon in den 1930er-Jahren waren die Studios von den Brüdern Miloš und Václav Havel gegründet worden, dem Vater des späteren tschechischen Präsidenten. In den elf Ateliers auf einer Fläche von etwa 9000 Quadratmetern wurden bislang schon mehr als 2500 tschechische und ausländische Filme gedreht, darunter »Amadeus« von Miloš Forman, »Yentl« von und mit Barbra Streisand, »Mission Impossible« mit Tom Cruise und »Casino Royale«, in dem Daniel Craig seine Pläne als Agent 007 im Kloster Strahov schmiedet. Und natürlich ist Prags mystische Atmosphäre wie geschaffen für Horrorfilme. So sollte in Holešovice die Karriere des Kannibalen und Serienmörders »Hannibal Lecter« ihren Anfang nehmen.

Besucher müssen die Schauplätze internationaler Kinofilme aber nicht mühsam auf eigene Faust suchen. Geführte Filmtouren bringen sie entweder im Oldtimer (www.guidingprague.com) oder mit dem Segway (www.segwayfun.eu) zu verschiedenen Drehorten in der Stadt. Spannend, denn auf einem tragbaren DVD-Spieler werden bei manchen Führungen Ausschnitte aus den Filmen gezeigt.

Der Süden

↑ *Historischer Hügel Vyšehrad: Hier thront heute die Kirche St. Peter und Paul mit ihren neogotischen Torbogen.*

✳ Staropramen

Die 1869 in Prag gegründete »Staropramen« ist die **größte Brauerei**, die noch direkt in Prag braut, und auch eine der größten Mitteleuropas. Ins Deutsche übersetzt bedeutet der Name »alte Quelle«. Bei 50-minütigen Besucherrundgängen auf dem Firmengelände in Smíchov erfährt man alles über die Historie des Hauses und die tschechische Braukunst. Die Brauerei wurde 2012 vom nordamerikanischen Konzern Molson Coors übernommen.

Pivovarska 9, 150 54 Praha 5 • Metro: Anděl (B) • +420 2 73 13 25 89 • www.staropramen.com • Mo–So 10–18 Uhr • Führung: 199 CZK

✳ St. Peter und Paul (Kostel Svatého Petr a Pavel)

Die **neogotische Kirche** St. Peter und Paul oberhalb der Moldau dominiert das Viertel Vyšehrad. Von der zweitältesten Prager Burg aus dem 10. Jahrhundert ist dagegen kaum noch etwas zu sehen. Doch auf dem einstigen Burggelände liegt bis heute der Vyšehrader Friedhof (Vyšehradský Hřbitov), wo bedeutende tschechische Persönlichkeiten begraben sind, darunter Bedřich Smetana. Vom Hügel, auf dem heute St. Peter und Paul thront, soll die Seherin Libuše, die mythische Stammmutter der Přemysliden-Dynastie in Böhmen, die Gründung Prags prophezeit haben.

V Pevnosti 159/5b, 128 00 Praha 2 • Metro: Vyšehrad (C) • +420 2 41 41 03 48 • www.praha-vysehrad.cz • tgl. April–Okt. 9.30–18, Nov.–März bis 17 Uhr • Park und Friedhof frei, Eintritt St. Peter und Paul: 60 CZK

Kultur 89

✵ Tanzendes Haus
(Tančící Dům)

Nach anfänglichen Protesten haben sich die Prager an das Tanzende Haus gewöhnt, ja es sogar zu einem ihrer neuen Wahrzeichen gemacht. Die Einheimischen nennen das Gebäude auch »Ginger und Fred«, weil es mit seiner geschwungenen Linienführung an die großen Tänzer Ginger Rogers und Fred Astaire erinnert. Wie eine Tänzerin im Kleid, die sich an einen Herrn mit Hut kuschelt, sieht das 1996 im Baustil des Dekonstruktivismus **von Frank O. Gehry designte Gebäude** aus. Für Besucher ist nur das Bar-Restaurant »Céleste« im obersten Stockwerk zugänglich.

Jiráskovo náměstí 1981/6, 120 00 Praha 2 ▪ Tram: Jiráskovo náměstí (14,17) ▪ +420 60 50 836 11 ▪ www.tancici-dum.cz

✵ Wenzelsplatz
(Václavské Náměstí)

Der Wenzelsplatz ist Touristenmagnet und wichtiger **Schauplatz der Politik** in der Neustadt. Katastrophen wie Sternstunden der Politik entschieden sich hier. Über ihn rollten 1968 russische Panzer und 1998 verkündeten Václav Havel und Alexander Dubček die baldige Freiheit. Das erhöht stehende, bronzene Reiterdenkmal des Nationalheiligen Wenzel (Pomník Václava) dominiert den 750 Meter langen und 60 Meter breiten Platz. Eine Persiflage von David Černý dazu findet man in der nahen Lucerna-Passage (Eingang via Štěpánská). Prägend für den Platz sind auch das Denkmal der Opfer des Kommunismus (Fackel 1 und 2), das Nationalmuseum und die Jugendstilfassade des »Hotel Europa«. Am nördlichen Platzende, etwas versteckt ums Eck, steht unscheinbar die einzige kubistische Straßenlaterne (Jungmannplatz) der Stadt.

Václavské Náměstí ▪ Metro: Můstek (A), Muzeum (A, C)

»Ginger und Fred« nennen Prager das Tanzende Haus, weil es sie an Ginger Rogers und Fred Astaire erinnert. →

Der Süden

Shopping

Im Süden kann man einen guten Vergleich ziehen zwischen alten und neuen Shoppingmalls. Gerade in der Neustadt sind die wunderschönen Jugendstil-Passagen architektonisch so zauberhaft, dass sie den Geschäften darin geradewegs die Show stehlen. Der Reporter Egon Erwin Kisch bezeichnete sie gern als »Durchhäuser«, weil sie so etwas wie die Schleichwege der Einheimischen durchs urbane Dickicht sind. Allen voran die Lucerna-Passage, die gleich gegenüber in die Svetozor-Passage übergeht. Am unteren Ende des Wenzelsplatzes liefert die Koruna-Passage einen Hauch längst vergangener Konsumzeiten. In Smichov klingt dagegen allenfalls der Stadtteil »Engel« (Aněl) noch nostalgisch, wenn es um die modernen Geschäfte des Einkaufszentrums Nový Smíchov geht.

✻ Amadito & Friends

Die Buchhandlung bietet eine große Auswahl Kinderbücher auf Englisch, Deutsch und Französisch. Es ist die erste **internationale Buchhandlung** dieser Art in Prag. Es gibt klassische Literatur, dazu Romane, Bilderbücher und populäre Lehrbücher für kleine Wissenschaftler sowie Brettspiele, Ansichtskarten und Schulsachen. Interessantes Veranstaltungsprogramm.

Lesnická 6, 150 00 Praha 5 • Metro: Anděl (B) • +420 2 57 22 22 57 • www.amadito.com • Mo 13–18, Di–Fr 9–18, Sa 10–13 Uhr

✻ Antique Bazar

In den beiden **Antiquitätenläden** in der südlichen Neustadt kann man lange stöbern. Denn vom Schaufenster bis zu den Vitrinen und Regalen ist alles bis obenhin gefüllt mit Kunst und Krempel. Zu fairen Preisen gibt es altes böhmisches Porzellan und Glas, alte Uhren und Granatschmuck, Schallplatten, Postkarten und alte Schwarz-Weiß-

Fotoalben, in denen man in das Prager Leben längst vergangener Zeiten eintauchen kann.

Ječná 5 und 38, 120 00 Praha 2 • Metro: I. P. Pavlova • tgl. 10–19 Uhr

✳ Bauernmarkt

Dieser Samstagsmarkt unweit der Palacký-Brücke auf dem Ufer Rašínovo nábřeží bietet beim Einkaufen einen schönen Blick auf die Prager Burg und den Petřín-Hügel. Hier gibt es traditionelle tschechische Produkte und jede Woche neue **Delikatessen der Saison** zu probieren. Zu den beliebtesten Waren gehören frische Erdbeeren, Birnen und Äpfel, aber auch frisches Brot und Gebäck.

Náplavka – Rašínovo nábřeží, in der Nähe der Palackého-Brücke, 128 00 Praha 2 • Metro: Karlovo náměstí (B) • www.farmarsketrziste.cz/naplavka • Sa 8–14 Uhr

✳ Fru Fru

Fru Fru gehört zu den Prager **Secondhand-Läden**, die Qualitätsbekleidung und Modeaccessoires in sehr gutem Zustand und zu günstigen Preisen bieten. Wenn ein Stück für eine längere Zeit nicht verkauft wird, kann man es manchmal für 50 CZK erwerben. Originelle Modelle, die lange Freude machen.

V Jirchářích 6, 110 00 Praha 1 • Metro: Národní třída (B) • +420 773 18 12 01 • Mo–Fr 11.30–19, Sa 12–19 Uhr

✳ Greenwave Bio Cosmetics

Das Geschäft wird von der globalen grünen Welle beeinflusst und hat sich auf **Naturkosmetik** spezialisiert. Hier gibt es Biokosmetikprodukte, z. B. von Dr. Hauschka, Logona oder Weleda, Aromatherapie und französische Parfums sowie Kräuterseifen aus der Provence. Ebenso hat der Laden ein breites Produktangebot für Schwangere, Babys und Kleinkinder.

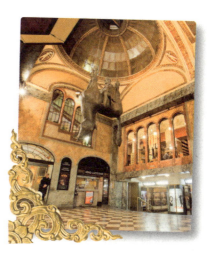

Provokation in der Lucerna-Passage: Skulpturen wie das über Kopf hängende Pferd hat David Černý in Prag einige gestaltet. →

Purkyňova 2, 110 00 Praha 1 • Metro: Národní třída (B) • +420 2 22 51 47 41 • www.greenwave.cz • Mo–Fr 9.30–19 Uhr

✴ if... Ivana Follová

Einmalige Farben sowie weiche und schmeichelnde Materialien wie Seide, Chiffon und Satin machen die Kreationen aus, die Modeschöpferin Ivana Follová Frauen in ihrem **Showroom** zeigt. Originell, weiblich und aufregend! Ivana Follová ist mit ihrer Kollektion auch international sehr erfolgreich.

Mezibranská 9, 110 00 Praha 1 • Metro: Muzeum (A, C) • +420 2 22 21 13 57 • www.ivanafollova.com • Mo–Fr 9–14 Uhr

✴ Jaroslava

Wer auf Mode steht, sollte unbedingt in dieser **einzigartigen Boutique** in der Lucerna-Passage vorbeischauen. Die Inhaberin der Modemarke Jaroslava Procházková arbeitet schon sehr lange für das Theater und den Film; deshalb sind ihre Modelle sehr originell und von hoher handwerklicher Qualität, haben aber auch gehobene Preise. Ihre Kreationen wollen bei Frauen vor allem Selbstbewusstsein, Originalität, Schönheit und Charme unterstützen.

Vodičkova 36, 110 00 Praha 1 • Metro: Můstek (A, B) • +420 7 31 48 38 47 • www.jaroslava.cz • Mo–Fr 10–18 Uhr

✴ Julius Fashion Shop

Eine super Adresse für originelle Mitbringsel aus Prag. Hier gibt es hippe, ausgefallene Kreationen **junger tschechischer Designer**, z. B. farbenfrohen Schmuck, Mode in ausdrucksstarken Farben, Accessoires für die Wohnung, Taschen, handgemachte Hefte, Keramik, Porzellan.

Ostrovní 20, 110 00 Praha 1 • Metro: Národní třída (B) • +420 7 31 41 99 53 • www.juliusfashion.com • Mo–Di 11–19, Mi 12–20, Do–Fr 11–19, Sa 12–18 Uhr

✴ Koruna-Passage

Der Jugendstilpalast Koruna am unteren Ende des Wenzelsplatzes verdankt seinen Namen der goldenen, von großen Statuen umgebenen Krone auf dem Dach. In der sehenswerten **Einkaufspassage** gibt es Modeboutiquen, ein historisches Fotoatelier (www.history-foto.cz) und Bontonland Megastore, das größte Musikgeschäft in Prag (www.bontonland.cz). Der Palast selbst ist so beeindruckend, dass er den Geschäften darin fast die Show stiehlt.

Václavské náměstí 1, 110 00 Praha 1 • Metro: Můstek (A, B) • +420 2 24 21 95 26 • www.koruna-palace.cz • Mo–Sa 9–20, So 10–20 Uhr

Shopping   93

✻ La Femme MiMi

Die zauberhafte Boutique versetzt Besucher mit einer Auswahl bunter **Seiden- und Baumwollmodelle** ins Staunen. Röcke, Hemden, Handtaschen und Kleider sind mit detailreichen Handstickereien versehen. Auch schöne Wohnaccessoires gibt es zu kaufen. Die Mode ist asiatisch inspiriert, weil die Inhaberin der Boutique ihre Kindheit in Vietnam verbracht hat.

Štěpánská 51, 110 00 Praha 1 • Metro: Můstek (A, B) • +420 2 24 21 41 06 • www.lafemmemimi.com • Mo–Fr 10–20, Sa 11–18 Uhr

↑   *Wohnen als Kunst: Originelle Accessoires für Zuhause gibt es im Le Patio Concept store.*

✻ Le Patio Concept store

Das internationale Unternehmen hat sich auf den Verkauf origineller Möbel spezialisiert. Die Inhaberin des Geschäfts, Minuka White, reist durch die ganze Welt und sucht einzigartige Modelle aus. Neben Möbeln gibt es auch interessante **Accessoires für die Wohnung** sowie Aromalampen und Düfte.

Jungmannova 30, 110 00 Praha 1 • Metro: Můstek (A, B) • +420 2 24 93 44 02 • www.lepatiolifestyle.com • Mo–Sa 10–19, So 11–19 Uhr

✻ Lucerna-Passage

Der Lucerna-Palast wurde 1920 im Jugendstil erbaut. Er ist von einem Netz von Wegen durchwoben, welches die Straßen **Vodičkova und Štěpánská** verbindet (durchgehend geöffnet). In den Passagen gibt es interessante Cafés, Weinstuben und kleine Geschäfte. Zu den schönsten gehört Modrobílá linie (www.modrobila.cz), wo man Tees, Porzellan und Accessoires kaufen kann. Im Atrium des Palastes hängt ein riesiges Pferd kopfüber, auf dem die Staue des Heiligen Wenzel reitet. Es ist ein Werk des tschechischen Bildhauers David Černý.

Vodičkova 36, 110 00 Praha 1 • Metro: Můstek (A, B) • +420 2 24 22 45 37 • www.lucerna.cz

✻ Moje Kredenc

In dem **exklusiven Feinkostladen** findet man eine einzigartige Auswahl an europäischen Weinsorten aus Spanien, Italien, Tschechien und Mähren. Sehr interessant ist auch die Auswahl an Räucherwaren und Käsen. Ebenso gibt es schöne Geschenkschachteln, Käsemesser, Fonduesets und praktische Sachen für Teeliebhaber sowie belgische Schokolade, z. B. »Zaabär« mit exotischen Gewürzen.

Vodičkova 16, 110 00 Praha 1 • Metro: Národní třída (B) • +420 2 22 23 12 81 • www.mojekredenc.cz • Mo–Fr 8–19, Sa 10–18 Uhr • Geschenkschachteln ab 599 CZK

✳ Nový Smíchov

Das **Einkaufszentrum** am Anděl hat eine gute und große Auswahl an Produkten. Auch Ladenketten wie Gant, Zara und H&M sind hier vertreten. Tipp für eine kulinarische Pause: Bei Makakiko Running Sushi gibt es ein All-you-can-eat-Buffet.

Plzeňská 8, 150 00 Praha 5 • Metro: Anděl (B) • +420 2 51 51 11 51 • www.novysmichov.eu • Shops Mo–So 9–21, Restaurants 11–23, Supermarkt Mo–So 7–24 Uhr

✳ Terryho ponožky

Dieser Laden im Foyer des beliebten Kinos Světozor hat sich auf alles rund um das **Thema unabhängiger Film** spezialisiert. Das Angebot reicht von Filmliteratur über DVDs mit tschechischen und ausländischen Filmen bis zur Kleidung. Ein wichtiger Bestandteil sind die mehr als 8000 historischen Filmplakate. Oft finden hier auch Ausstellungen statt.

Kino Světozor: Vodičkova 41, 110 00 Praha 1 • Metro: Můstek (A, B) • +420 2 24 94 68 29 • www.terryposters.com • Mo–Fr 10–20, Sa 12–17 Uhr

✳ Vinotéka Cellarius

Mehr als 1300 **Weinsorten** aus der ganzen Welt werden hier vor Ort auch zur Degustation angeboten. Im Mährischen Garten kann man die Weine entspannt probieren. Riesling (2 dcl): 58 CZK. Ein weiteres Geschäft mit derselben großen Auswahl findet man im Lucerna-Palast.

Lucerna-Passage, Štěpánská 61, 110 00 Praha 1 • Metro: Můstek (A, B) • +420 2 24 21 09 79 • www.cellarius.cz • Mo–Fr 9.30–21, Sa 11–20, So 13–19 Uhr

Don't miss

Den Shoppingassistenten, der einem bei Events zum Oster- oder Weihnachtsshopping im Einkaufszentrum »Nový Smíchov« nicht nur neue Geschäfte zeigt, sondern auch noch die Einkaufstaschen hinterherträgt (s. oben). Vorbestellungen aus dem Ausland zwei bis drei Tage im Voraus und telefonisch.

Window Shopping und Glaskästen-Gucken

Schaufenster sind für gewöhnlich inszenierte Wirklichkeiten. In den Auslagen wird geschönt, getrickst und ins rechte Licht gerückt. Viel stärker als früher die kommunistische Partei, regulieren in Tschechiens Hauptstadt heute mittlerweile internationale Großkonzerne die Schaufensterinszenierungen. Deshalb sehen in den Filialen internationaler Modeketten die Auslagen inzwischen überall auf der Welt gleich aus. In der Prager Nobeleinkaufsmeile »Pařížská« gleicht das Window-Shopping gar einem Galeriebesuch. Da ruhen im Schaufenster z. B. teure Handtäschchen in Glasvitrinen, als seien es Museumsexponate.

Dagegen haben es Schaufensterdekorationen von Läden, die schnöde Dienstleistungen anbieten und mitunter nur Lebensmittel verkaufen, schwer. Oder eben auch nicht, denn hier muss zwangsläufig jeder mal vorbeischauen. In Prag fallen da vor allem die vielen Vietnamesen-Geschäfte auf, die aus dem Stadtbild nicht mehr wegzudenken sind. Geschätzt leben heute etwa 200 000 Vietnamesen im Land. In den 1950er-Jahren kamen viele von ihnen zum Austausch aus dem sozialistischen Bruderland nach Tschechien.

Was ihre Schaufenster anbelangt, haben sie jedoch ein höchst eigenes Dekorationsverständnis. Hinter oft wohl seit Jahren nicht mehr geputzten Fenstern werden auf grünem Kunstrasen gewöhnliche Schnaps- neben Shampoo-Flaschen, Kekspackungen und verschiedenen Sorten Mineralwasser zur Schau gestellt. Manche wollen den Platz gar nicht erst zu Dekorationszwecken vergeuden und stellen gleich ihr ganzes Warenlager in die Auslage, als handle es sich um ein Kuriositätenkabinett. Die Prager kaufen gerne in den Läden ein, denn viele der familiengeführten Lebensmittel-, Getränke und Gemüseläden haben bis Mitternacht geöffnet, einige sogar rund um die Uhr. Das Sortiment ist groß und man bekommt eigentlich alles, was man im Alltag so braucht, nur finden muss man es in dem Wirrwarr der Produkte.

Restaurants & Cafés

Dass viele Lokale plötzlich mehr Raum zur Verfügung haben, merkt man schnell, wenn man das Stadtzentrum verlässt. Denn dann hat man im Sommer öfter auch mal die Möglichkeit, in ein lauschiges Gartenrestaurant oder einen netten Biergarten einzukehren. Besonders in den sich zu Geschäftsvierteln entwickelnden Stadtteilen wie Smíchov gibt es darüber hinaus auch viele Selbstbedienungslokale für die kurze Mittagspause der Angestellten. Die Auswahl an Gerichten ist deshalb hier besonders groß. Noch dazu kann man in der Auslage schon vorher sehen, was man bekommt und es dauert nicht lange. Das kann ganz praktisch sein, wenn man zwischen einer Sightseeing- oder Shoppingpause nur schnell einen Snack möchte.

✱ Bageterie Boulevard

In der Bageterie Boulevard kann man jeden Tag **lecker frühstücken** und Joghurt mit Obst, Croissants, Muffins, frischen Kaffee und vieles mehr bestellen. Zum Mittagessen gibt es eine große Auswahl an Salaten, inklusive Caesar Salat und Caprese, ausgezeichnete Suppen und vor allem Wraps und Baguettes, z. B. mit Thunfisch, Hühnersteak, und saisonalen Varianten. Ideal, wenn es schnell, leicht und lecker sein soll.

Vodičkova 21, 110 00 Praha 1 • Metro: Můstek (A, B) • +420 2 22 51 45 59 •
Na Příkopě 2, 110 00 Praha 1 • Metro: Můstek (A, B) • +420 7 24 33 55 20 •
Boulevard Na Poříčí, Na Poříčí 42, 110 00 Praha 1 • Metro: Florenc (B) • +420 2 22 31 46 67 • www.bb.cz •
Mo–Fr 7–3, Sa 8–22, So 9–22 Uhr

✱ Beas Dhaba

Das vegetarische Restaurant hat sich auf **nordindische Küche** spezialisiert und bietet Dhal, Gerichte mit Basmati-

Geht gar nicht

Das Nichtraucherverbot in Restaurants ist in Prag noch nicht konsequent umgesetzt. Wer in traditionellen Bierstuben deftige Kost und selbstgezapftes Bier genießen will, muss sich auch auf reichlich Zigarettenrauch einstellen.

Restaurants & Cafés 97

Reis, Suppen, Chutneys, Parantha, Thai, Tee und frische Obstsäfte an. Das Essen wird täglich frisch zubereitet, ohne Fleisch, Fisch und Eier. Es ist sehr pikant, lecker, gesund, exotisch und nicht teuer. Dieses Selbstbedienungsrestaurant gehört zu den wenigen Vegetarierrestaurants in Prag.

Vladislavova 24, 110 00 Praha 1 • Metro: Národní třída (B) • +420 7 73 38 03 71 • www.beas-dhaba.cz • Mo–Fr 11–21, Sa 12–20, So 12–18 Uhr • Preis nach Gewicht: 19,90 CZK / 100 g

✴ Beer-Factory

Bei diesem Restaurant ist nicht nur die Lage direkt auf dem Wenzelsplatz einzigartig. Originell ist auch, dass man sich an der Bar das Bier selbst einschenken darf. Das Essen wird in der Showküche, für alle sichtbar, zubereitet. Es gibt Steaks, Fisch, Salate, aber auch **tschechische und vegetarische Gerichte**. An der Bar werden zudem alkoholische und alkoholfreie Cocktails angeboten und bei den regelmäßigen Cocktailpartys gibt es eine Cocktailsorte zum Aktionspreis. Mojito, Cuba libre und Tequila Sunrise sind hier immer vergleichsweise günstig.

Wenn es schnell, leicht und lecker sein soll, ist für den kleinen Hunger die Bageterie Boulevard ideal. →

Václavské náměstí 58, 110 00 Praha 1 • Metro: Muzeum (A, C) • +420 2 34 10 11 17 • www.beer-factory.cz • Mo–So 9–15 Uhr • Bier: 69 CZK

✴ Burrito Loco

Dieses **mexikanische Fastfood-Lokal** hat rund um die Uhr geöffnet. Alle Gerichte werden mit frischen mexikanischen Zutaten zubereitet. Als Riesenportionen für den großen Hunger gibt es den Grande Burrito (450 g) oder den Kick Ass Burrito XXL (550 g). Empfehlenswert sind auch Taco Salad und Nachos Supremo. Alle Gerichte kann man mit den Zutaten seiner Wahl bestellen. Zu Trinken gibt es mexikanisches Bier.

Spálená 43, 110 00 Praha 1 • Metro: Národní třída (B) • +420 6 02 28 18 66 • www.burritoloco.cz • 24 Std. geöffnet

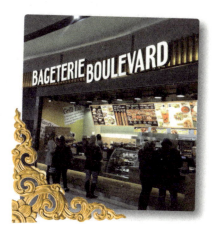

Der Süden

↑ *Die besten Croissants gibt es bei den Filialen von Paul, die französisches Backwerk vom Feinsten anbieten.*

✷ Café Louvre

Das elegante Jugendstilcafé Louvre versprüht **französische Kaffeehauskultur** und man glaubt fast, in Paris zu sein. Schon Franz Kafka und Albert Einstein sollen hier Freunde getroffen, gelesen oder Billard gespielt haben. In Intellektuellenkreisen ist das Café Louvre auch heute wieder eine Institution. Und Karel Schwarzenberg, einer der beliebtesten Politiker Tschechiens, gab im Louvre 2009 die Gründung seiner Partei Top 09 bekannt. Zum Café gehört auch ein gutes Restaurant. Am besten sind das Frühstück (bis mittags) und später das Gulasch mit böhmischen Knödeln.

Národní 22, 110 00 Praha 1 • Metro: Národní třída (B) • +420 2 24 93 09 49 • www.cafelouvre.cz • Mo–Fr 8–23.30, Sa, So 9–23.30 Uhr • Cappuccino: 55 CZK

✷ Hostinec U Kalicha (Švejk-Restaurant)

Das Lokal U Kalicha (»Zum Kelch«) ist ein Mekka für Touristen. Das mehr als hundert Jahre alte Lokal hat alle Merkmale eines **typisch tschechischen Restaurants** und ist durch Jaroslav Hašeks Roman »Der brave Soldat Schwejk« weltbekannt geworden. An den Wänden hängen Reproduktionen der Illustrationen von Josef Lada. Gäste können ihre Kommentare dazu auch auf die Wand schreiben.

Na Bojišti 14, 120 00 Praha 2 • Metro: I. P. Pavlova (C) • +420 2 24 91 25 57 • www.ukalicha.cz • Mo–So 11–23 Uhr

✷ Pasta Crusta

Wer in Prag Appetit auf **frische italienische Küche** bekommt, ist hier richtig. Es werden nur erstklassige Zutaten verwendet und der Koch bereitet das Essen vor den Augen der Gäste zu. Empfehlenswert ist z. B. der »Insalata Caesar con polle a pancetta« (Salat mit Hühnerfleisch und Parmesankäse). Zu Mittag steht auch immer ein preisgünstiges Tagesmenü zur Wahl.

Vodičkova 12, 110 00 Praha 1 • Metro: Můstek (A, B) • +420 2 11 22 14 10 • www.pastakrusta.cz • Mo–Fr 7–0, Sa, So 9–0 Uhr • Tagesmenü ab 108 CZK

✶ Paul

Alle Filialen der internationalen Kette Paul verkaufen **französisches Backwerk** und Sandwiches. Hier bekommt man ein Croissant oder ein »Pain au chocolat« für zwischendurch und die besten Macarons der Stadt. Im Sommer kann man sich wunderbar mit Eiscreme, Himbeersorbet, frischem Eistee oder Macaron Frappé erfrischen.

Václavské náměstí 46, 110 00 Praha 1 • Metro: Muzeum (A, C) • +420 7 39 54 22 57 • www.paul-international.com • Mo–Fr 7–22, Sa, So 8–22 Uhr

✶ Restaurace Alcron

Nach einem hervorragenden Essen sagen Tschechen gern »gespeist wie im Alcron«, denn dieses Restaurant steht schon seit seiner Eröffnung 1932 für ausgezeichnete Küche. Kerzen und ein Kamin aus den 1930er-Jahren schaffen Ambiente. In Prag etwas ganz Besonderes ist das Degustationsmenü aus Fisch- und Meeresfrüchten. **Gehobener Luxus** hat natürlich auch seinen Preis.

Štěpánská 40/623, 110 00 Praha 1 • Metro: Muzeum (A, C) • +420 2 22 82 04 10 • www.alcron.cz • Mo–Fr 12–14.30, Sa 17.30–22.30 Uhr • zweigängiges Mittagsmenü ab 250 CZK

✶ Restaurace Titanic

Das Restaurant wurde 2001 um eine Crêperie erweitert. Auf einer Maschine aus Frankreich werden hier jetzt die besten **französischen Crêpes** zubereitet. Im anderen Teil des Lokals gibt es auch Steaks, Pasta und Salate.

Štěpánská 24, 110 00 Praha 1 • Metro: Muzeum (A, C) • +420 2 96 22 62 82 • www.restauracetitanic.cz • Mo–Sa 11–23, So 17–23 Uhr • Pasta ab 119 CZK

✶ Restaurace u českých pánů

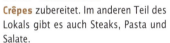

Das Restaurant ist in einem Gebäude untergebracht, das auf die Zeit zwischen 1357 und 1360 zurückgeht. Die gotischen Räume sind im Stil einer **mittelalterlichen Kneipe** eingerichtet und sehr gut klimatisiert. Hier wird in hoher Qualität und nur mit frischen Zutaten gekocht. Zu den originellen

Spezial-Biersorten zählen Weizenbier, Primátor und Cvikl.

Školská 38, 110 00 Praha 1 • Metro: Můstek (A, B) • +420 2 22 23 10 68 • www.uceskychpanu.cz • Mo–Fr 11–23, Sa 12–23, So 13–23 Uhr • Tagesmenü ab 99 CZK

✴ Rio's Vyšehrad

Im malerischen Areal von Vyšehrad lassen sich Historie und Natur gleichermaßen genießen. Im Erdgeschoss des **noblen Restaurants** gibt es einen eleganten Wintergarten. Im Sommer wird draußen gegrillt. Die Umgebung des Restaurants ist imposant, denn gleich gegenüber steht die gotische Kathedrale St. Peter und Paul.

Štulcova 102/2, 128 00 Praha 2 • Bus: Vratislavova (552), Tram: Výtoň (3, 7, 17) • +420 6 02 75 10 35 • www.rio restaurant.cz • Mo–So 10–24 Uhr

✴ U Fleků

Die älteste und **berühmteste Kleinbrauerei** der Stadt stammt aus dem 15. Jahrhundert. Sie ist das Prager Pendant zum Münchner Hofbräuhaus und zieht scharenweise Touristen an. Bisweilen wird ein volkstümliches Unterhaltungs- und Musikprogramm geboten. Bekannt ist sie für das rauchige Schwarzbier. Dazu kommt deftige tschechische Hausmannskost auf den Tisch. Es gibt mehrere Säle und ein Brauereimuseum.

Křemencova 11, 110 00 Praha 1 • Tram: Myslíkova (14) • +420 2 24 93 40 19 • www.ufleku.cz • tgl. 10–22 Uhr • Schweinshaxe mit Knödeln und Kraut: 249 CZK

✴ U Kroka

Zur Erholung nach einem Spaziergang auf Vyšehrad lädt das Nichtrauchergasthaus zu typisch **tschechischen Gerichten** bei geselligem Beisammensein. Auf der Karte stehen z. B. Rinder-

gulasch oder gebratene Ente mit Kraut, Kartoffel- und Semmelknödel. Dazu passt am besten tschechisches Bier wie Pilsner Urquell, Gambrinus oder Velkopopovický Kozel.

Vyšehrad Vratislav 128 00 Praha 2 • Bus: Vratislavova (552), Tram: Výtoň (3, 7, 17) • +420 775 905 022 • www.ukroka.cz • Mo–So 11–23 Uhr • Hauptgerichte ab 1 CZK

✳ U Pinkasů

Zum Restaurant gehört einer der schönsten Sommervorgärten in Prag. Wenn es das Wetter nicht erlaubt, stehen auf drei Etagen fünf stilvolle Räume zur Verfügung. Das **typisch tschechische Gasthaus** liegt nur ein paar Schritte vom Wenzelsplatz entfernt. Es war schon in der zweiten Hälfte des 19. Jahrhunderts ein wichtiger Ort, an dem namhafte Politiker wie der Mitbegründer und erste Staatspräsident der Tschechoslowakei, T.G. Masaryk, verkehrten.

Prager Pendant zum Münchner Hofbräuhaus: Das U Fleků ist die älteste und meistbesuchte Kleinbrauerei. →

Jungmannovo náměstí 15/16, 110 00 Praha 1 • Metro: Můstek (A,B) • +420 2 21 11 11 52 • www.upinkasu.cz • Mo–So 10–1 Uhr • Mittagsmenü: 99 CZK

U tří bojovníků

Interieur kombiniert moderne nds mit der ursprünglichen Atmohäre der 1930er-Jahre. Hier kann an bekannte **tschechische Spezialitäten** probieren, aber auch internationale Gerichte. Dazu trinkt man ein kaltes Pilsner Urquell. Die erfahrenen Köche verwenden nur frische, lokale Zutaten.

Vyšehradská 1355/17, 128 00 Praha 2 • Tram: Botanická zahrada (6, 18, 24, 53, 55) • +420 7 24 97 00 02 • www.utribojovniku.cz • Mo–So 11–23.30 Uhr • Mittagsmenü ab 85 CZK

Wellness

Nachdem die Pragerinnen die ganze Woche über auf hohen Absätzen von Termin zu Termin gestöckelt sind, ist, bei dem holprigen Kopfsteinpflaster und dem Schlagloch-Parcours auf den Straßen, dringend Erholung nötig. Den Touristinnen geht das häufig nicht viel besser, wenn sie von Sehenswürdigkeit zu Sehenswürdigkeit geeilt sind, sich die Hacken nach den aktuellen Modetrends abgelaufen oder die Nächte durchgetanzt haben. Dann steht auch bei ihnen relaxen auf dem Programm und das kann man wunderbar bei einer wohltuenden Fußmassage. Wegen der zahlreichen Geschäftsviertel gibt es im südlichen Teil der Stadt genügend entsprechende Salons für die Prager Businessfrau. Auch Thaimassagen sind ideal zum Stressabbau. Im Winter, wenn der Himmel wieder länger grau ist und das Wetter wie Blei auf unserer Seele liegt, lohnt auch schon mal der Gang ins Sonnenstudio.

✳ Bootsverleih

Kleine **Ruder- und Tretboote** kann man an mehreren Orten ausleihen, z. B. auf der Insel Žofín und dem Slovanské-Ufer nábřeží zwischen Karlsbrücke und Nationaltheater. Bei gutem Wetter sind die Leihstationen mindestens bis 22 Uhr geöffnet.

....

Slovanský ostrov, 110 00 Praha 1 •
Tram: Národní divadlo (17) •
+420 2 21 71 44 44 • ab 150 CZK/Std.

Don't miss

Den Franziskanergarten mit seinen statuengeschmückten Brunnen, eine echte Großstadtoase. Viele Prager verbringen hier ihre Mittagspause oder durchqueren ihn auf dem Weg zwischen Jungmann- und Wenzelsplatz.

✳ Relax Days

Dieses **Spa** bietet komfortable Erholung für Körper und Geist in schöner Umgebung. Es gibt auch ein Privatwellness-Angebot, bei dem man eine finnische Sauna, Whirlpool, Fitness und luxuriöse Massagen für sich allein genießen kann. Außer Entspannungs-

Wellness 103

und Sportmassagen sind auch Hawaii- und Lavasteinmassagen möglich.

Žitná 8, 120 00 Praha 2 • Metro: Karlovo náměstí (B) • +420 773 99 90 45 • www.relaxdays.cz • Mo–So 10–22 Uhr • Relaxationsmassage: 750 CZK

✳ Riviera Spa & Beauty Salon

Der luxuriöse **Beauty-Salon** in einem wunderschönen, frisch renovierten Altbau direkt an der Moldau konzentriert sich vor allem auf Entspannung, Bodyforming und Hautstraffung. Professionelle Ausrüstung und Technologie ermöglichen eine individuelle Behandlung. Zudem gibt es eine breite Palette von Kosmetikbehandlungen, Maniküre, Pediküre und einen Friseursalon.

Masarykovo nábřeží 30, 110 00 Praha 1 • Tram: Národní divadlo (6, 9, 17, 18, 22, 23) • +420 601 50 08 33 • www.salon-riviera.cz • Mo–Fr 9.30–18 Uhr • Sportmassage: 600 CZK, kosmetische Behandlung: 1190 CZK

✳ Silhouette Salon & Spa

In der ruhigen Atmosphäre dieses **luxuriösen Wellnesszentrums** kann man sich von Kopf bis Fuß erholen. Man ist spezialisiert auf Green Peels, Mikrodermabrazie und permanente Make-ups. Im Angebot sind aber auch Massagen, Depilationen, Maniküre und Pediküre. Es gibt ein Solarium und einen Friseursalon.

↑ *Kleine Ruder- und Tretboote gibt es an mehreren Orten auszuleihen – nachts sogar mit Petroleumlaterne.*

Žitná 7, 110 00 Praha 1 • Metro: Karlovo náměstí (B) • +420 2 22 23 15 14 • www.silhouette.cz • Mo–Fr 7.30–21, Sa 9–16 Uhr • klassische Massage (60 Min.): 600 CZK

✳ Thai Fit

Bei Thai Fit kann man zwischen verschiedene **Massagen** wählen, es gibt sogar Massagen für Schwangere, eine Ölmassage mit 24-karätigem Gold und Schokoladenmassagen.

Pasáž Světozor, Vodičkova 41, 110 00 Praha 1 • Metro: Můstek (A, B) • +420 2 24 15 20 16 • www.thaifit.cz • Mo–So 9–21 Uhr • Massage für Schwangere: 600 CZK, Goldölmassage: 1200 CZK

Der Süden

Ausgehen

Die mit 25 Metern längste Bar in Prag hat der Očko Music Club in der Nähe des Kongresszentrums. Jeden Abend gibt es eine Show der Barkeeper und man kann zwischen mehr als 100 fantastischen Drinks wählen. Ein professionelles Bar-Team mischt die ganze Nacht tolle Cocktails. Und in Prag sind die Cocktailpreise meist noch niedriger als in anderen europäischen Großstädten. Im Turm Jindřišská věž kann man sogar bis zu 400 Whiskeysorten testen und im Duplex über den Dächern am Wenzelsplatz residiert einer der exklusivsten Clubs der Stadt in einem riesigen Glaswürfel. Hier feiert auch die internationale Prominenz, wenn sie gerade in Prag zu Besuch ist. Mit einer strengeren Einlasskontrolle in Sachen Outfit ist hier also zu rechnen.

✳ Dog's Bollocks Club & Restaurant

In diesem Club mit zwei Bars und einem **Tanzparkett** gibt es leckeres Essen, gutes tschechisches Bier und ausgezeichnete Cocktails. Es lohnt, ein Spezialbier zu probieren oder auch einen guten Wein aus Chile oder Argentinien, der hier sehr preisgünstig verkauft wird. Und dann nichts wie los zu guter Musik auf das Tanzparkett!

Nádražní 42/82, 150 00 Praha 5 • Metro: Anděl (B) • +420 775 73 60 30 • www.dogsbollocks.cz • Di–Do 17–3, Fr–Sa 17–5 Uhr • Mojito: 119 CZK, Salate ab 109 CZK

Don't miss

Das Kino Svetozor, das jeweils für nicht einmal 500 CZK live Aufführungen des Bolshoi-Balletts aus Moskau und Opern von der Metropolitan Opera aus New York überträgt (www.kinosvetozor.cz). So bringt es auch international hochkarätige Aufführungen nach Prag.

✳ Duplex

Der **exklusive Club** residiert in einem riesigen Glaswürfel im oberen Stockwerk eines großen Gebäudes am Wenzelsplatz. Insgesamt gibt es fünf

Ausgehen 105

Bars, zwei Chill-out-Räume, eine VIP-Lounge und ein hervorragendes Restaurant. Hier feierte Mick Jagger während seines Aufenthalts in Prag seinen Geburtstag. Strenge Tür, aber schöne Frauen haben gute Chancen …

Václavské náměstí 21, 110 00 Praha 1 • Metro: Můstek (A, B) • +420 7 32 22 11 11 • www.duplex.cz • Mi–Sa 22–5 Uhr • Eintritt: für Frauen frei

✴ Jazz Dock

Der Jazz-Club am Moldauufer bietet einen wunderschönen Blick auf den Fluss und das historische Zentrum. Mit einem Cocktail in der Hand kann man **Live-Jazz** hören und die Aussicht genießen. Weil man hier auch gut essen kann, kann es passieren, dass man bis spät in die Nacht bleibt. Auf jeden Fall lohnt ein romantischer Nachtspaziergang entlang der Moldau.

Janáčkovo nábřeží 2, 150 00 Praha 5 • Metro: Anděl (B), Tram: Arbesovo náměstí (6, 9, 12, 50, 58, 59) • +420 7 74 05 88 38 • www.jazzdock.cz • April–Sept. Mo–Do 15–4, Fr, Sa 13–4, So 13–2 Uhr, Okt.–März Mo–Do 17–4, Fr, Sa 15–4, So 15–2 Uhr • Cocktails ab 135 CZK

Duplex – strenge Tür und prominente Gäste. Dafür schweben schon mal schöne Frauen im Reifen von der Decke. →

✴ Lucerna Music Bar

Der **Club im Lucerna-Palast**, ein paar Schritte vom Wenzelsplatz entfernt, bietet während der Woche Konzerte tschechischer und ausländischer Musiker und Gruppen. Freitags und samstags kann man die ganze Nacht tanzen. Die Partys im Stil der 1980er- und 1990er-Jahre sind sehr beliebt.

Vodičkova 36, 110 00 Praha 1 • Metro: Můstek (A, B) • Vorverkauf: +420 2 24 21 71 08 • www.lucerna.musicbar.cz • Vorverkauf Karten Mo–Fr 9.30–19 Uhr (am Tag des Konzerts) • Bier: 45 CZK

✴ MeetFactory

Wer sich für alternative Musik interessiert, ist in diesem **Kulturkomplex** richtig, der in einer ehemaligen Fabrikhalle untergebracht ist. Es gibt eine Galerie, ein Theater, einen Film-Club und einen Konzertsaal. Neben großen Konzerten

↑ *Einer der ältesten Jazz-Clubs Europas: gepflegte Musik bei schummrigem Licht im Reduta Jazz Club*

der unabhängigen Musikszene gibt es auch Jazz, Underground-Tanzpartys und kleinere Veranstaltungen.

Ke Sklárně 3213/15, 150 00 Praha 5 · Metro: Smíchovské nádraží (B), Tram: Lihovar (6, 12, 14, 20, 54) · +420 251 55 17 96 · www.meetfactory.cz · Mo–So 13–20 Uhr

✲ Nebe

Die Bar Nebe (»Himmel«) bezaubert mit Engel-Statuen und Dekorationen im Art-déco-Stil. Sie befindet sich direkt am Wenzelsplatz und verspricht, wie schon ihr Name verheißt, himmlische Erlebnisse. Man hat die Wahl zwischen mehr als 100 fantastischen Drinks. Ein professionelles Bar-Team mischt die ganze Nacht tolle **Cocktails** und man darf sich auf eine amüsante Barkeeper-Show freuen.

Václavské náměstí 56, 110 00 Praha 1 · Metro: Muzeum (A, C) · +420 6 08 64 47 84 · www.nebepraha.cz · Mo 16–3, Di–Do 16–4, Fr–Sa 16–5, So 16–2 Uhr, tgl. bis 20 Uhr · Cocktails für 59 CZK

✲ Óčko Music Club Praha

»Óčko« heißt ein Fernsehmusikprogramm, das vor allem für junge Leute bestimmt ist. Dieser exklusive **Musik-Club** gleichen Namens liegt in der Nähe des Kongresszentrums Praha. Im Club gibt es vier Bars. Die Great Bar ist mit 25 Metern Länge der längste Tresen in Prag. Jeden Abend gibt es eine Barkeeper-Show. Interieur und Soundtechnik sind top.

Kongresové centrum 5. května 1640/65, 140 00 Praha 4 · Metro: Vyšehrad (C) · +420 773 29 99 92 · www.rave.cz/klub/music-club-ocko · Mi–Sa 21–6 Uhr

✲ Phenomen

Der **Musik-Club** bietet nicht nur eine einzigartige Atmosphäre, sondern auch eine sehr gute Gastronomie. Die historischen Gewölbe bilden einen interessanten Kontrast zum modernen

Design. Hier kann man originelle Drinks hiesiger Barkeeper bestellen, aber auch alle klassischen Cocktails und verschiedene Champagnermarken und -jahrgänge. Essen gibt es hier bis 2 Uhr morgens!

Nádražní 84, 150 00 Praha 5 • Metro: Anděl (B) • +420 774 36 66 56 • www.phenomen.cz • Di–Do 19–3, Fr–Sa 19–4 Uhr • Cocktails ab 69 CZK

✴ Reduta Jazz Club

Schon 1958 ist hier einer der ältesten Jazz-Clubs Europas entstanden. Zu hören gibt es das Beste aus der tschechischen und auch der internationalen Jazzszene. Das Interieur entspricht exakt den Klischeevorstellungen eines **Jazz-Clubs**: etwas dunkel mit intimer Beleuchtung. Das Programm ist sehr breit gefächert: Jazz, Dixieland, Big Band, Swing, aber auch Theatervorstellungen und Pantomime.

Národní třída 20, 110 00 Praha 1 • Metro: Národní třída (B) • +420 2 24 93 34 87 • www.redutajazzclub.cz • Mo–So 19–1 Uhr • Bier: 50 CZK

✴ The Wine Bar

Diese Kellerstube, die auf Weine aus Burgund spezialisiert ist, hat eine moderne und gleichzeitig warme Atmosphäre. Hier gibt es eine große Auswahl an Weinen, Tapas, Kaffee- und Biersorten. Auf den Tischen stehen Kerzen, Antiquitäten prägen die Einrichtung. Im Sommer stehen auch ein paar Tische draußen vor der **Weinbar**, optimal, um das Nachtleben auf der Kleinseite zu beobachten.

Arbesovo náměstí 7, 150 00 Praha 5 • Tram: Švandovo divadlo (6, 9, 12, 20) • +420 6 08 88 66 09 • www.thewinebar.cz • Mo–Fr 11–23, Sa 16–23 Uhr

✴ Whiskeria v Jindřišské věži

Im Erdgeschoss und ersten Stock des Turms Jindřišská věž wurde eine luxuriöse **Whiskeria** mit einem breiten Sortiment von 400 Whiskeysorten eröffnet. Hier gibt es neben schottischem auch irischen, kanadischen und japanischen Whiskey. Beim »Tasting« kann man bequem in Ledersesseln sitzen und sich gut amüsieren. Auch das Essen ist lecker.

Jindřišská, 110 00 Praha 1 • Metro: Můstek (A, B) • +420 2 24 24 86 45 • www.whiskeria.cz • Mo–Sa 10–0 Uhr • Hauptgerichte ab 89 CZK, Whiskey ab 86 CZK

Übernachten

Im Süden Prags ist ein großer Teil der Hotels vor allem auf Geschäftsreisende eingestellt, denn hier haben viele internationale Firmen, Verlage, die »Filmstudios Barrandov« und das Kongresszentrum ihren Sitz. Die Zimmer sind daher meist recht funktional und modern eingerichtet und auch technisch auf dem neuesten Stand. Vor allem gibt es hier einige Studios und Appartements zu mieten, die günstig sind und ideal, wenn man in einer Gruppe unterwegs ist. Dabei wohnt man hier keineswegs abgelegen, denn viele Shoppinggelegenheiten liegen gleich nebenan. In Smíchov, einem ehemaligen Arbeiterviertel, das sich langsam zu einem angesagten In- und Ausgehviertel entwickelt, gibt es ein großes, modernes Einkaufszentrum am Anděl, das Nový Smíchov. Und der südliche Teil der Neustadt grenzt ohnehin direkt an den Wenzelsplatz mit seinen mondänen, alten Einkaufspassagen.

✴ Andel's Suites

Das Haus der Hotelgruppe Vienna International eignet sich vor allem, wenn man länger in Prag bleibt oder in einer Gruppe reist. Die 51 **Studios und Appartements**, einige mit Dachterrasse, die Maisonetten und das exklusive Penthouse sind nach einem erfrischenden Design-Konzept mit Parkettböden, viel Weiß, Beige und Kontraste schaffendem Rot gestaltet. Das Andel's liegt neben dem Angelo Hotel und verfügt über Konferenzräume und einen Wellnessbereich.

Stroupežnického 21, 150 00 Praha 5 ▪ Metro: Anděl (B) ▪ +420 296 88 96 88 ▪ www.vi-hotels.com ▪ DZ ab 2375 CZK

✴ Angelo

Das **Vier-Sterne-Designhotel** der Hotelgruppe Vienna International verfügt über 168 modern ausgestattete Zimmer und Suiten auf sieben Stockwerken. Die Zimmer sind in Schwarz, Korallenrot, Gelb und Weiß und mit fernöstlichen Möbeln und Accessoires ausgestattet. Sehr gutes Preis-Leistungs-Verhältnis in Metro-Nähe. Zum Afterwork-Chill-out treffen sich hier

Übernachten 109

viele Prager gern in der Jazzbar des Hotels. Das Einkaufszentrum Nový Smíchov am Anděl ist in nächster Nähe.

Radlická 1g, 150 00 Praha 5 • Metro: Anděl (B) • +420 2 34 80 11 11 • www.vi-hotels.com • DZ ab 1675 CZK

✴ Aparthotel Austria Suites

Die **14 Studios und fünf Appartements** sind modern eingerichtet. Zur Verfügung steht auch eine kleine Küche. Das Frühstück muss man selbst machen, die Brötchen werden geliefert. Günstiger und trotzdem gut kann man in Prag wahrscheinlich kaum wohnen.

Štefánikova 18/25, 150 00 Praha 5 • Metro: Anděl (B) • +420 2 33 10 75 22 • www.austriasuites.cz • DZ ab 1200 CZK

✴ Barceló Praha Five

Das moderne, lichtdurchflutete Hotel der **spanischen Kette** hat 134 Zimmer. Sie sind geschmackvoll in hellen Farben gestaltet, technisch gut ausgestattet und haben Laminatböden. Es gibt Tagungsräume, ein Restaurant und in einer Bar mit Sommerterrasse werden Getränke und leichte Gerichte serviert.

Im Angelo kann frau günstig bei modernem Design übernachten, egal ob mit oder ohne einen Angelo. →

Metro und Geschäftsviertel sind in nächster Nähe.

Radlická 46/3276 • 150 00 Praha 5 • Metro: Anděl (B) • +420 2 51 03 51 11 • www.barcelo.com • DZ ab 2125 CZK

✴ Caravan Camping ČSK

Der **Campingplatz** liegt idyllisch und ruhig auf der Moldauinsel Císařská Louka, 3 Kilometer vom Stadtzentrum entfernt. Zum Zentrum ist man mit öffentlichen Verkehrsmitteln ca. 25 Minuten unterwegs. Auf einer Fläche von 11 000 Quadratmetern gibt es Unterkunftsmöglichkeiten in Wohnmobilen, Karavanen und Zelten und zehn Zwei- bzw. Dreibettzimmern. Den Gästen stehen moderne sanitäre Einrichtungen, Küchen und Internetzugang zur Verfügung. Auch Ruderboote und Kanus kann man hier ausleihen.

Der Süden

↑ *Engel reisen gerne: Im Angelo sorgen Rot- und Orangetöne für Wohnlichkeit jenseits von Zuhause.*

Císařská Louka 162, 150 00 Praha 5 • Metro: Smíchovské nádraží (B) • +420 2 57 31 75 55 • www.caravan camping.cz • DZ ab 630 CZK, Camping: 105 CZK

✳ Holiday Inn Prague Congress Centre

Ideal für Messebesucherinnen: Das moderne **Businesshotel** liegt direkt neben dem Kongresszentrum. Mit dem Lift kommt man von der Tiefgarage in die Lobby. Über einen Gang ist das Hotel mit dem Kongresszentrum verbunden. Bis zum Stadtzentrum sind es nur zwei Haltestellen mit der Metro.

Na Pankráci 1684/15, 140 21 Praha 4 • Metro: Vyšehrad (C) • +420 2 96 89 50 00 • www.holidayinn.cz • DZ ab 1475 CZK

✳ The Mosaic House

Viele Menschen aus verschiedenen Kulturen, die auf Reisen zufällig zusammenkommen – diese Idee gab dem Gästequartier seinen Namen: »Mosaic House«. Untergebracht ist es in einem ehemaligen Bürohaus aus den 1930er-Jahren. Es gibt **55 Gemeinschafts- und 41 Privatzimmer**, einige mit Terrasse. Von innen ist es clean und chic: schwarze Wände, lila Kissen, grüne Betten und auch noch nach Öko-Kriterien zertifiziert.

Mosaic House Odborů 4, 120 00 Praha 2 • Tram: Karlovo náměstí (3, 4, 5, 10, 14, 16, 18, 22, 24) • +420 2 21 59 53 50 • www.mosaic house.com • Gemeinschaftsschlafsaal ab 299 CZK, DZ ab 2530 CZK

Heimgeleuchtet: Wie Pilze schießen die Straßenlaternen vor dem Mosaic House aus dem Boden.

Der Osten

Alternativ shoppen und übernachten in der Neustadt-Ost (Nové Město), Vinohrady und Žižkov

Der Stadtteil Vinohrady war schon seit jeher eine feine Wohngegend für das gut situierte Prager Bürgertum. In den letzten Jahren zog es auch viele Expats in die Gegend, weil hier vermehrt moderne Apartmentanlagen mit Tiefgaragen, Swimmingpools und eigenem Sicherheitsdienst entstanden sind. Auch die Prager wohnen hier gerne, denn die Bausubstanz der Altbauten ist hervorragend und die Mieten sind im Vergleich zur Altstadt noch erschwinglich. Dank der akzeptablen Ladenmieten haben sich in Vinorhady viele Secondhandläden und Antiquitätengeschäfte niedergelassen, in denen es sich gut stöbern lässt.

Zum Sonntagsspaziergang kommen die Einheimischen gerne in den Stadtpark Havlíčkovy, wo die Neorenaissance-Villa Gröbe majestätisch auf einem Hügel thront, auf dem mitten in der Stadt ein kleiner Weinberg gedeiht. Nicht ohne Grund heißt Vinorhady übersetzt »Weinberg«. Und in der Tat kann man den Wein von diesem Berg sogar vor Ort probieren.

Das Nachbarviertel Žižkov beginnt sich dagegen erst langsam zu entwickeln. In der ehemaligen Arbeitergegend hat sich vorwiegend eine alternative Szene mit kleinen Theatern und Kneipen angesiedelt. Weil hier erst noch einige Gebäude renoviert werden, sind die Mieten günstig und die Künstler zahlreich, was dem Viertel den Ruf eines »Prager Montmartre« eingebracht hat. In Žižkov steht auch das höchste Gebäude der Stadt, der Fernsehturm, von Pragern gerne als zweithässlichstes Gebäude der Welt verspottet. Bis der Provokations-Künstler David Černý Riesenbaby-Skulpturen die Fassade hinaufkrabbeln ließ, galt der Turm als Symbol des verhassten kommunistischen Regimes. Im östlichen Teil der Neustadt (Nové Město) nähert man sich dann schon wieder mehr dem Stadtzentrum mit seinem prächtigen Hauptbahnhof, einem Meisterwerk des Jugendstils und dem Palladium, Prags größtem und modernstem Einkaufszentrum mit 200 Geschäften.

Kultur

Das Leben der Großstadt verlagert sich zusehends in Außenbezirke wie Žižkov. Im ehemaligen Arbeiterviertel lässt es sich vergleichsweise günstig wohnen und auch Prager entdecken hier die Atmosphäre einer Kneipenszene, die sich noch nicht dem internationalen Geschmack unterworfen hat. Unübersehbar bestimmt nach wie vor der Fernsehturm die Skyline der Stadt, denn er ist mit 216 Metern das höchste Gebäude Prags. Das Nachbarviertel Vinohrady war dagegen von je her ein gutbürgerliches Viertel. Hierhin gehen die Prager, wenn sie unter sich sein wollen, denn es ist eine weitgehend touristenfreie Zone. Vinohrady heißt übersetzt »Weinberg« und den gibt es tatsächlich noch hier, mitten in der Stadt.

✱ Fernsehturm (Televizní Věž)

Der 216 Meter hohe Fernsehturm ist das höchste Gebäude Prags und sticht unübersehbar aus der Skyline heraus. Das amerikanische Reiseportal »VirtualTourist« wählte den Turm 2009 zum zweithässlichsten Gebäude der Welt. Die Prager gaben ihm Spitznamen wie »Zeigefinger der Kommunistischen Partei« und wollten ihn nach der Wende abreißen lassen. Heute ist er ein Touristenmagnet, an dem stilisierte Plastiken von gesichtslosen Riesenbabys des Prager Provokations-Künstlers David Černý hinaufkrabbeln. Es gibt eine **Aussichtsplattform**, ein Restaurant (www.oblaca.cz) und ein One-Bedroom-Hotel (www.oneroomhotel.cz).

Mahlerovy sady 1, 130 00 Praha 3 • Metro: Jiřího z Poděbrad (A) • +420 2 10 32 00 81 • www.towerpark.cz • Observatorium: tgl. 8–0 Uhr • Eintritt: 180 CZK

✱ Hauptbahnhof (Hlavní Nádraží)

Der architektonisch wunderschöne Hauptbahnhof ist der wichtigste Bahnhof Tschechiens. Sein historischer Haupteingang mit der Kuppelhalle gilt als eines der **prächtigsten Jugendstilwerke der Stadt**. Gebaut wurde der Bahnhof zwischen 1901 und 1909 von

Kultur 117

dem tschechischen Architekten Josef Fanta. Derzeit wird er noch renoviert, lediglich die Innenarbeiten wurden Mitte 2014 abgeschlossen. In den Untergeschossen entstehen viele moderne Ladenzeilen.

Wilsonova 8, 110 00 Praha 1 • Metro: Hlavní nádraží (C) • +420 2 24 24 09 63

✶ Jan-Žižka-Reiterdenkmal

Vor der Nationalen Gedenkstätte auf dem Vítkov-Hügel wurde 1950 eine der größten aus Bronze geschaffenen Reiterstatuen der Welt aufgestellt: das Jan-Žižka-Reiterdenkmal. Es ist 9 Meter hoch, 9,6 Meter lang, 5 Meter breit und 16,5 Tonnen schwer. Der Stadtteil Žižkov ist nach dem Anführer der Hussiten benannt, dessen siegreicher Kampf sich 1420 auf diesem Hügel abspielte. Im Denkmal ist das **Museum der Tschechoslowakischen Geschichte** des 19. und 20. Jahrhunderts untergebracht. Skurril: Aus dem Keller hatten die Kommunisten ein Mausoleum für KP-Führer gemacht, die man hier einbalsamierte. Heute werden Schwarz-Weiß-Fotos der Mumifizierten auf die Kachelwände projiziert.

Unübersehbar: Der Fernsehturm ist Prags höchstes Gebäude, in dem man sogar übernachten kann. →

U Památníku 1900, 130 00 Praha 3 • Metro: Florenc (B, C) • +420 2 22 78 16 76 • www.nm.cz • April–Okt. Mi–Sa 10–18 Uhr, Nov.–März Mi geschl. • Eintritt: 110 CZK

✶ Jüdischer Friedhof Žižkov

Dieser Friedhof liegt direkt neben dem Fernsehturm im Stadtteil Žižkov und sollte nicht mit dem Alten Jüdischen Friedhof in Josefov verwechselt werden. 1680 als Pestfriedhof angelegt, spielte er ab 1787 eine wichtige Rolle, weil Kaiser Joseph II. die Begräbnisse in der Innenstadt verboten hatte und der Alte Jüdische Friedhof in Josefov nicht mehr genutzt werden konnte. Proteste gab es in den 1980er-Jahren, als ein Teil des

Friedhofs stahlverkleideten Betonsäulen für den Bau des Fernsehturms weichen musste. Hier gibt es **etwa 40 000 Gräber**, unter anderem ruhen hier der Prager Oberrabiner Ezechiel Landau, der Arzt Jonas Jeitteles und der einflussreiche Unternehmer Joachim Popper. Eine gute Alternative zum häufig überlaufenen Alten Jüdischen Friedhof.

Fibichova 13/2, 130 00 Praha 3 · Metro: Jiřího z Poděbrad (A) · +420 2 21 71 15 11 · Mo–Mi 11–15, Fr 9–13 Uhr · Eintritt: 50 CZK

✷ Kaufhaus Weißer Schwan (Bílá labuť)

Der Weiße Schwan wurde 1939 als eines der modernsten Kaufhäuser der damaligen Zeit eröffnet. Die fünf Stockwerke hohe Hauptfassade war mit 30 mal 18 Metern die größte Glasfläche Mitteleuropas. Das Haus zählt zur tschechischen Avantgarde-Architektur. Auf dem Dach dreht sich bis heute ein großer Neonschwan. Man kann sich hier einen kulturgeschichtlichen Einblick

↑ *Die Statue des Hussiten-Anführers Jan Žižka auf dem Vítkov-Hügel ist Teil der Nationalen Gedenkstätte.*

darüber verschaffen, wie sich **Warenhäuser** im Laufe der Jahrzehnte entwickelt haben. Obwohl es mit modernen Shopping-Centern nicht mehr mithalten kann, ist es vor allem bei Einheimischen sehr beliebt.

Na Poříčí 23, 111 29 Praha 1 · Metro: Florenc (B, C) · +420 2 22 32 02 27 · www.bilalabut.cz · Mo–Fr 9–20, Sa bis 18, So 10–18 Uhr

✷ Museum Antonín Dvořák (Muzeum Antonína Dvořáka)

Ein **entzückendes Sommerschlösschen** steht zwischen gesichtsloser Architektur. Gebaut hat es Kilian Ignaz

Von rosaroten Panzern und pinkelnden Jungs

Unweigerlich haben wohl die meisten Pragbesucher schon Skulpturen wie den Reiter auf einem überkopf hängenden, toten Pferd in der Lucerna-Passage gesehen – vielleicht ohne zu wissen, von wem sie stammen. Wenn David Černý, der böse Bube der tschechischen Kunstszene, wieder einmal zugeschlagen hat, schlagen danach meist auch die Wogen der Empörung hoch.

An vielen öffentlich zugänglichen Plätzen hat der Künstler inzwischen provokante Werke mit politischen und sozialkritischen Aussagen hinterlassen. Die meisten sind längst feste Installationen, zuweilen mit interaktivem Witz. So pinkeln vor dem Kafka-Museum zwei nackte Statuen in einen Teich, der die Form der Tschechischen Republik hat. Wer eine SMS an die Telefonnummer auf der Skulptur sendet, kann dabei zusehen, wie die Männer den Text der Nachricht ins Wasser pinkeln.

Begonnen hatte eigentlich alles mit einem rosaroten Panzer. 1991 hatte der Künstler das Kettenfahrzeug, damals ein Denkmal zu Ehren der Roten Armee, über Nacht rosa angemalt. Černý landete im Gefängnis, die Behörden ließen den Panzer wieder grün streichen, aber einige Parlamentsabgeordnete nutzten ihre Immunität und pinselten ihn erneut pink an. Inzwischen darf der Panzer seine Ehrenrunden in einem Museum außerhalb der Stadt drehen.

Černýs kreative Zone der Anfangsjahre war der Stadtteil Žižkov. Für den Auftritt Prags als Kulturhauptstadt im Jahr 2000 bekam er den Auftrag, den Fernsehturm zu verschönern, der bei Pragern als ungeliebtes Relikt des Sozialismus gilt. Alsbald ließ der Provokateur, der seine Werke nie öffentlich kommentiert, schwarze Riesenbabys ohne Gesichter den Turm hinaufkrabbeln. David Černý also ein Schwarzseher? Schon möglich, schließlich heißt der Name Černý übersetzt »Schwarz«, ganz passend zum schwarzen Humor des Künstlers.
www.davidcerny.cz

Der Osten

↑ *Alles für die Musik: Dem Komponisten Antonín Dvořák ist das gleichnamige Museum gewidmet.*

Dientzenhofer im Jahr 1720. Später wurde es nach einer Gaststätte in der Nähe »Villa Amerika« genannt. Heute beherbergt das Haus ein Museum, das mit Partituren, Handschriften, Fotos und Memorabilien an den Komponisten Antonín Dvořák erinnert, der in seinem Werk Einflüsse von Klassik und Romantik mit Elementen der Volksmusik verband.

Ke Karlovu 20, 120 00 Praha 2 • Metro: I. P. Pavlova (C) • +420 2 24 92 33 63 • www.antonin-dvorak.cz/muzea • April–Sept. Di, Mi, Fr–So 10–13.30, 14–17, Do 11–13.30, 14–19, Okt.–März Di–So 10–13.30, 14–17 Uhr • Eintritt: 50 CZK

✳ Museum der Stadt Prag (Muzeum Hlavního Města Prahy)

Das Museum zeigt die Geschichte der Moldaumetropole **von prähistorischer Zeit bis zur Gegenwart** und ist besonders für Geschichtsinteressierte einen Besuch wert. Gemälde, Skulpturen, Möbel und Grabungsfunde vermitteln einen Eindruck des Lebens in den verschiedenen Dekaden. Beeindruckend ist ein 20 Quadratmeter einnehmendes, dreidimensionales Modell der Stadt aus dem 19. Jahrhundert, das aus Papier und Holz gefertigt wurde.

Na Poříčí 52/1554, 180 00 Praha 8 • Metro: Florenc (B) • +420 2 24 81 67 73 • www.muzeumprahy.cz • Di–So 9–18 Uhr • Eintritt: 120 CZK

Don't miss

Spazierengehen und Weintrinken: In den Weinbergen von Vinohrady mitten in Prag wachsen Reben, aus denen in kleinen Mengen Weine gekeltert werden, die man im Weinkeller von Havlíčkovy Park probieren kann.

✴ Olšany Friedhof (Olsanske hrbitovy)

Viele **Grabsteine** erzählen viele Geschichten auf dem Olšany Friedhof, der mit 50 ha Fläche einer der größten in ganz Europa ist. Man kann hier das Grab eines Bärendompteurs und eines Zirkusdirektors finden und auch eine Familie Frankenstein ist hier begraben. Der Friedhof von 1679 wurde mehrfach erweitert, u. a. um einen orthodoxen und den neuen jüdischen Friedhof mit dem Grab von Franz Kafka. Besonders morbiden Charme haben die ältesten Abteilungen I und II (nach dem Haupteingang links halten).

Vinohradská 1835/153, 130 00 Praha 3 ·
Metro: Flora (A) · Zelivskeho (A) ·
+420 272 01 11 13 · www.hrbitovy.cz ·
tgl. Mai–Sept. 8–19, April, Okt. bis 18, Nov.–Feb. bis 17 Uhr

✴ Park Havlíčkovy (Havlíčkovy Sady)

Die letzten Prager **Weinberge** umfassen noch 1,6 Hektar und befinden sich auf den Hügeln des zweitgrößten Stadtparks Havlíčkovy. Hier thront auch die Neorenaissance-Villa Gröbe majestätisch auf dem höchsten Punkt eines Weinbergs. Gröbe ließ sich beim Bau seines neuen Familiensitzes von toskanischen Villen inspirieren. Die Villa steht derzeit leer und ist nur von außen zu besichtigen. Beliebtes Ziel für Spaziergänger sind aber ihr Restaurant und ihr Weinkeller.

Havlíčkovy sady, Praha 2 – Vinohrady ·
Metro: Náměstí Míru (A), weiter mit Tram: Ruská (4, 22) · Weinkeller:
www.sklepgrebovka.cz ·
+420 774 80 32 93 · Fr 16–21 Uhr ·
Restaurant Pavilon Grébovka:
www.pavilongrebovka.cz ·
+420 725 00 03 34 · Mo–So 10–22 Uhr

Bärendompteur und Zirkusdirektor: Die Grabsteine auf dem Olšany-Friedhof erzählen viele Geschichten. →

Shopping

In Vinohrady, besonders entlang der Vinohradská und rund um die Bělehradská, gibt es attraktive Secondhand- und Antiquitätengeschäfte. Hier sind die Ladenmieten noch nicht so teuer wie in der Altstadt, was sich auch auf die Preise niederschlägt. Auch Bauernmärkte mit frischen lokalen Produkten und Feinkostgeschäfte haben sich hier niedergelassen. In der östlichen Neustadt versetzt Prags bekanntestes Einkaufsparadies, das Palladium, in Kauflaune. Es ist das größte Shopping-Center der Stadt mit 180 Geschäften und 20 Restaurants. Und das Tolle: Die meisten Läden haben täglich bis 20 oder 21 Uhr geöffnet.

✴ Bohemian Retro

Für **Retromode** gibt es in Prag wahrscheinlich kein besseres Geschäft. Die Auswahl ist erstaunlich: Sonnenbrillen aus Schildpatt oder buntem Kunststoff, Ledertaschen, Koffer und Handtaschen, Damen- und Herrenbekleidung, altertümliche Knöpfe, Glaskorallen und viele andere Sachen. Der einzige Nachteil sind die kurzen Öffnungszeiten.

Chvalova 8, 130 00 Praha 3 • Tram: Lipanská (5, 9, 26, 55, 58) • +420 6 07 91 49 92 • www.bohemianretro.com • Di–Fr 11–19 Uhr • Damenkleid ab 450 CZK

✴ The Candy Store

Dieses Geschäft vertreibt die beliebtesten **amerikanischen und britischen Leckerbissen.** »Einfach Zucker« sind Produkte der Marken Reese's, Hershey's, Kellog's, Kraft Foods, Mars Inc. und viele andere. Zu kaufen gibt es Doritos, Kool-Aid, Fruit Roll Ups, Jelly Belly beans, Life Savers, Lucky Charms, Mike & Ikes. Außerdem bietet The Candy Store neben originellen Geschenkkörben auch frische Delikatessen wie Bananenbrot und Karottentorten an.

Don't miss

Vinohrady als Adresse für alle, die günstige Originale suchen, seien es Mode, Schmuck oder Antiquitäten. Selbst hochwertige Souvenirs wie handgeschnitzte Marionetten kann man hier noch finden.

Shopping 123

Vinohradská 79, 120 00 Praha 2 ▪
Metro: Jiřího z Poděbrad (A) ▪ +420
2 22 21 14 59 ▪ www.candy-store.cz ▪
Mo–Fr 10–18.30, Sa 9–17 Uhr

✶ Choco Loves Coffee

Diese **Welt der Schokolade** wird aus den besten Kakaobohnen ohne Konservierungsstoffe, künstliche Süßstoffe oder Farbstoffe produziert. Nach alten Rezepturen werden die Pralinen mit Liebe und Fantasie aus der besten belgischen und französischen Schokolade handgemacht. Bei den regelmäßig angebotenen Degustationen kann man ausgewählte Kombinationen aus Wein und Schokolade probieren.

Jugoslávská 27, 120 00 Praha 2 ▪
Metro: Náměstí Míru ▪ +420
2 24 28 43 25 ▪ www.chocoloves
coffee.cz ▪ Mo–Fr 9–18, Sa 9–14 Uhr ▪
Kaffee 598 CZK/kg

✶ Farmmarkt am Jiřího z Poděbrad

Der **Markt an der Metrostation** auf dem Platz Jiřího z Poděbrad vor der modernen Kirche ist sehr beliebt. Das Angebot ist reichhaltig. Auch Wein oder traditionell zubereitete Presswurst kann man hier probieren.

Jiřího z Poděbrad 6, 130 00 Praha 3 ▪
Metro: Jiřího z Poděbrad (A) ▪
www.farmarsketrziste.cz ▪
März–Okt. Mi, Fr 8–18, im Winter
So 8–14 Uhr

✶ Hard-De-Core

Die Galerie ist eine Fundgrube für **einzigartige Geschenke**, wie z. B. originellen Schmuck, Keramik, Designermode, Bücher und Accessoires. Hier gibt es auch Produkte der Marke Chi-Chi der tschechischen Modedesignerin Josefína Bakošová und schöne Broschen von Anna Bartáková.

Senovážné náměstí 10, 110 00 Praha 1
▪ Náměstí Republiky (B) ▪ +420
7 77 09 44 21 ▪ www.harddecore.cz ▪
Mo–Fr 11–19, Sa 11–17 Uhr

✶ Jelení Šperky

Prag erlebt zur Zeit eine Invasion von Hirschen. Vor allem, wenn es sich dabei um **Broschen, Ohrringe, Stirnbänder** und Klammern handelt. Jedes Stück der Designerin Bára Vogeltanzová ist einzigartig und hat sogar einen eigenen Namen. Im Schaufenster des Geschäfts kann man einen »Jelenoroj« bewundern, eine Analogie zur Prager Aposteluhr, die jede Stunde zehn Hirsche aus der aktuellen Kollektion zeigt.

U Rajské zahrady 8, 130 00 Praha 3 •
Metro: Jiřího z Poděbrad (A) • +420
2 22 23 25 04 • www.jelenisperky.cz •
Mo–Fr 9–18 Uhr • Schmuck mit
Hirschmotiven ab 400 CZK

✳ Lazy Eye

Die Philosophie des Anfang
2012 gegründeten Familienun-
ternehmens ist es, **unvergessener
früherer Mode** einen gegenwär-
tigen Look zu verleihen. Als
Basis dienen Modeschnitte aus
den 1930er- bis 1960er-Jahren.
Alle Modelle werden aus tschechischen oder amerikanischen
Materialen in Tschechien genäht. Jedes
Modell ist ein Original und wird in drei
Größen angeboten.

Ibsenova 3, 120 00 Praha 2 • Metro:
Náměstí Míru (A) • +420 7 28 63 02 75
(Assistentin: +420 7 24 23 84 99) •
www.lazyeye.cz • Mo–Do 13–19,
Fr 11–15 Uhr

✳ Modernista

Bereits seit 15 Jahren ist die Marke Mo-
dernista ein Synonym für tschechisches
avantgardistisches Design. Vor allem
Repliken von tschechischer kubisti-
scher Keramik und von Möbeln aus der
Zeit der ersten Republik, aber auch
dekorative Gegenstände, Wohnaccessoires, Schmuck und Glas gibt es hier
zu kaufen. Weitere Geschäfte s.u.

Vinohradská 50, 120 00 Praha 2 •
Metro: Náměstí Míru (A), Tram:
Vinohradská tržnice (11, 13) • +420
2 24 24 13 00 • www.modernista.cz •
Mo–Fr 10–19.30, Sa 10–18 Uhr • Dose:
4490 CZK, Spielzeug ab 1090 CZK •
auch im Uměleckoprůmyslové-
Museum (ulice 17. listopadu 2)
und in der Galerie Rudol-
finum (Alšovo nábřeží 12)

✳ Moje Kredenc

Der **Feinkostladen** hat eine
einzigartige Auswahl an
europäischen Weinsorten
aus Spanien, Italien, Tschechien und Mähren. Sehr interessant ist
auch das Angebot an Räucherware und
Käsen. Es gibt Produkte aus ganz
Europa, darunter »lomo embuchado«
aus Spanien, Prosciutto aus Italien, holländischen Gouda sowie 33 Monate
alten Parmesan.

Atrium Flora, Vinohradská 151, 130 00
Praha 3 • Metro: Flora (A) • +420
2 55 74 22 04 • www.mojekredenc.cz •
Mo–Sa 9–21, So 10–21 Uhr

✳ Moser

Als »Glas der Könige« sind die Produkte der Firma für dekorative und
luxuriöse **Glaskunst** international bekannt geworden. Der Glashersteller
setzte Standards für hohe Qualität in
der ganzen Welt. Der Sitz der 1857 von
Ludwig Moser, einem tschechisch-

Shopping 125

deutschen Juden, gegründeten Firma ist in Karlsbad. In Prag gibt es zwei Geschäfte.

Na Příkopě 12, 110 00 Praha 1 • Metro: Můstek (A, B) • +420 2 24 21 12 93 • www.moser-glass.com • Mo–Fr 10–20, Sa, So 10–19 Uhr

✳ Palladium

Direkt gegenüber vom Gemeindehaus liegt Prags größte **Shoppingmall** mit 180 Geschäften. Das Palladium ist die Einkaufsadresse schlechthin in Prag. Zu finden sind Marks & Spencer, Lacoste, Esprit, Tom Tailor, Gerry Weber, Guess, H&M, Swarovski, Geox, Ecco und 20 Restaurants wie z. B. das Makakiko.

Náměstí Republiky 1, Praha 1 • Metro: Náměstí Republiky (B) • www.palladiumpraha.cz • +420 2 25 77 02 50 • So–Mi 9–21, Do–Sa bis 22 Uhr, Restaurants: Mo–So 8–23, Supermarkt: Mo–So 7–22 Uhr

✳ Pour Pour

Der kleine, gut ausgestattete Laden in der Nähe der modernen Kirche auf dem Platz Jiřího z Poděbrad bietet **einzigartige Mode** und ungewöhnliche Accessoires von elegant bis märchenhaft. Auch bei Schmuck, Keramiktellern oder Taschen kann man hier fündig werden.

Vinohradská 74, 130 00 Praha 3 • Metro: Jiřího z Poděbrad (A) • +420 7 77 83 00 78 • www.pourpour.cz • Mo–Fr 10–19, Sa 10–16 Uhr

✳ Radost CD

Der Kulturkomplex Radost FX gehört den jungen Leuten. Außer Clubs, Cafés und Restaurants gibt es hier ein großes Geschäft mit CDs und DVDs, VHS- und DVD-Verleih mit einer großen Auswahl an tschechischen und ausländischen Filmen. Das Radost CD gehört zu den am besten ausgestatteten **Musikgeschäften** in Prag.

Bělehradská 120, 120 00 Praha 2 • Metro: I. P. Pavlova (C) • +420 2 24 25 27 41 • www.radost-cdvideo.cz • Mo–Fr 10–20, Sa 13–19 Uhr

Alles im rechten Licht: originelles Design von Accessoires bis Lampen aus der Galerie Hard-De-Core →

Noch nicht in jedem Prager Mittelklassehotel ist das Frühstück eine wahre Offenbarung. So mancher Gast verlässt unzufrieden den meist nüchternen Speisesaal. Jetzt ein knuspriges Croissant, ein Baguette wie aus einer Boulangerie und einen duftenden Kaffee, mag sich da so mancher denken. Wer in Prag frühstücken will wie Gott in Frankreich, geht in eine der Filialen der Boulangerie Paul. Alle Waren haben dort höchste Qualität, die Croissants, Schnecken und Himbeertörtchen sind sogar die besten in Prag. Natürlich haben auch die vielen Grand Cafés der Stadt Leckeres zu bieten und viele Baguetterien und Bioläden zollen inzwischen vom aufkommenden Geschmack an gutem Brot.

✶ Apetit

Das Selbstbedienungsrestaurant bietet warme Gerichte aus der **tschechischen und internationalen Küche**, Suppen, Pasta, Steaks, Fisch, Gemüse- und Obstsalate von der Salatbar, alkoholfreie Getränke und traditionelles Bier vom Fass, das man sich selbst zapfen kann. Zur Auswahl stehen Budweiser Budwar, Pilsner Urquell oder Weizenbier Fénix. Man kann auch gut und bequem im Foyer sitzen.

Vinohrady Vinohradská 106, 130 00 Praha 3 • Metro: Flora (A) • +420 272 66 05 05 • www.apetitpraha.cz • Mo–Fr 7–19, Sa, So 9–18 Uhr • Bier: 39 CZK

Don't miss

Krapfen im Café Imperial, und sich die Geschichte dazu erzählen lassen: Als im Haus noch eine Jugendherberge war, konnte man früher eine große Schüssel Krapfen ordern und eine Krapfenschlacht unter den Gästen veranstalten. Ein Heidenspaß!

✶ Bageterie Boulevard

In der Bageterie Boulevard kann man jeden Tag lecker frühstücken: Joghurt mit Obst, Croissants, Muffins, frischen Kaffee und vieles mehr. Zum Mittagessen gibt es dann eine große Auswahl an

Restaurants & Cafés 127

Salaten, inklusive Caesar Salat oder Caprese, ausgezeichnete Suppen und vor allem Dutzende **Baguettes**, z. B. mit Thunfisch, Hühnersteak und verschiedene Saisonvarianten. Eine ideale Wahl, wenn es schnell, leicht und lecker sein soll.

Vinohradská 151, 130 00 Praha 3 • Metro: Flora (A) • +420 2 55 74 22 60 • www.bb.cz • Mo–Fr 8–22, Sa, So 10–22 Uhr

✳ Beas Dhaba

Die **vegetarische Restaurantkette** ist auf nordindische Küche spezialisiert. Zum Angebot gehören Dhal, Basmatireis, Suppen, Chutney, Parantha, Thai, Tee und frische Obstsäfte. Das Essen ist jeden Tag frisch, ohne Fleisch, Fisch und Eier; es ist sehr pikant, lecker, gesund, exotisch und nicht teuer. Das Selbstbedienungsrestaurant hat zwei Filialen.

Bělehradská 90, 120 00 Praha 2 • Metro: Náměstí Míru (A) • +420 7 73 64 45 61 • www.beas-dhaba.cz • Mo–Fr 11–21, Sa 12–20, So 12–18 Uhr • Sokolovská 93, 186 00 Praha 8 • Metro: Křižíkova (B) • +420 7 77 03 89 06 • Mo–Fr 11–18 Uhr • Preis nach Gewicht: 19,90 CZK/100 g

Orientalische Atmosphäre: das Café Imperial mit Wandfliesen in ägyptisch-mediterranem Stil →

✳ Bio Zahrada

In diesem **außergewöhnlichen Café** kann man ausgezeichnete Desserts bestellen, dazu eine Tasse Kaffee, aber auch Frühstück oder ein leichtes Abendessen und dazu ein Glas Wein. Im Angebot ist jeden Tag auch ein Mittagsmenü. Auch Bio-Lebensmittel kann man hier einkaufen. Das Café unterstützt interessante Projekte, an denen sich auch die Gäste beteiligen können.

Belgická 33, 120 00 Praha 2 • Metro: Náměstí Míru (A) • +420 2 22 51 86 98 • www.bio-zahrada.cz • Mo–Do 8.30–21, Fr 8.30–22, Sa 10–20 Uhr • Mittagsmenü: 120 CZK

✳ Café Imperial

Auch noch nach fast hundert Jahren bewahrt sich das Café Imperial eine unvergessliche Atmosphäre im Stil der Grand Cafés mit glänzend renovierten weißen Mosaikfliesen in ägyptisch-mediterranem Stil. Das Menü enthält das Beste, was die **tschechische Küche**

128 Der Osten

↑ *Besonders erfrischend und deshalb sehr beliebt im Sommer: die Zitronentorte*

zu bieten hat. Auch der Kaffee und die hausgemachten Nachspeisen sind eine Versuchung.

Na Poříčí 15, 110 00 Praha 1 · Metro: Náměstí Republiky (B) · +420 246 01 14 40 · www.cafeimperial.cz · Mo–So 7–23 Uhr · Hauptgerichte ab 255 CZK

✴ CzecHouse Grill & Rotisserie

Tradition modern interpretiert ist das Motto des Nichtraucherrestaurants im Prager Hilton Hotel. Das Menü bietet eine Mischung aktueller europäischer Küche und traditioneller tschechischer Spezialitäten. Die Steaks sind von Biorindern aus den USA. Das elegante Interieur im Philip-Rodgers-Design nimmt mit moderner Eleganz Bezug zur Prager Architekturtradition. Die Preise sind dementsprechend hoch.

Pobřežní 1, 186 00 Praha 8 · Metro: Florenc (B) · +420 2 24 84 11 11 · www.hiltonprague.cz · Mo–So 18–23 Uhr · Bio Tenderloin: 990 CZK

✴ Deserterie

Der Cafetier Jakub Reimitz ist eigentlich gelernter Koch und wirkt in seinem Café nicht nur als Bäcker, der für seine Gäste originelle **Desserts** zubereitet. Ausgezeichnet sind seine Spezialitäten, wie z. B. Wrap mit Prager Schinken, Ciabatta mit Käse und Tomaten oder Kürbissuppe mit gerösteten Kürbiskernen. Vor allem aber begeistert die freundliche Atmosphäre dieses Cafés.

Náměstí Míru 16, 120 00 Praha 2 · Metro: Náměstí Míru (A) · +420 7 34 57 33 55 · www.deserterie.cz · Mo–Fr 8–20 Uhr · Suppe: 35 CZK

✴ Ferdinanda

Dieses originelle Restaurant überrascht seine Gäste. Statt Kleiderständern gibt es hier z. B. aufgestellte Rechen. Die Bedienung ist freundlich und schnell und die Gerichte schmecken wie zu Hause. Wohlfühlen werden sich vor allem Fleischliebhaber, die hier eine große Auswahl an **Fleischgerichten** probieren können.

Restaurants & Cafés   129

Opletalova 24, 110 00 Praha 1 • Metro: Muzeum (A, C) • +420 2 22 24 43 02 • www.ferdinanda.cz • Mo–Sa 11–23 Uhr • Hauptgerichte ab 150 CZK

✶ Góvinda

In diesem **vegetarischen Restaurant** gibt es täglich preisgünstige Gerichte. Das Essen ist frisch, exotisch und lecker. Alle Gerichte sind auch zum Mitnehmen. Das Tagesmenü enthält Suppe, Hauptgericht, Dessert und Salat und man kann zwischen zwei Portionsgrößen wählen. Im unteren Stockwerk des Restaurants gibt es ein Kulturzentrum, in dem man traditionelle indische Gewürze und Lebensmittel kaufen kann.

Na Hrázi 5, 180 00 Praha 8 • Metro: Palmovka (B) • +420 2 22 36 52 91 • www.govinda-vegclub.cz • Mo–Fr 11.30–18 Uhr • Menü 108 CZK • Soukenická 27, 110 00 Praha 1 • Metro: náměstí Republiky (B) • +420 6 05 70 08 71 • www.govinda restaurace.cz • Mo–Fr 11–18, Sa 12–16 Uhr • Menü: 108 CZK

✶ Kavárna Jiřího z Poděbrad

Das **Nichtrauchercafé** und Geschäft mit von Hand abgewogenem Kaffee liegt direkt an dem Platz Jiřího z Poděbrad. Hier werden frisch gemahlener Fair-Trade-Kaffee angeboten und frische Desserts aus eigener Bäckerei. Es gibt auch Tee aus der Produktion der Rösterei Mamacoffee und Artikel für die Kaffeezubereitung zu Hause zu kaufen (Mokka-Kännchen, Aeropress).

Náměstí Jiřího z Poděbrad 12, 130 00 Praha 3 • Metro: Jiřího z Poděbrad (A) • +420 7 73 65 69 58 • www.mama coffee.cz/kavarny/kavarna-jirak • Mo–Fr 8–19, Sa, So 9–19 Uhr

✶ Mezi Zrnky

Schönes, modernes Interieur, sehr freundliche Bedienung, ausgezeichneter Kaffee aus der Rösterei Doubleshot und fantastische Küche machen Lust, das kleine **Café** bald wieder zu besuchen. Das Essen sieht wunderbar aus und schmeckt noch besser; z. B. die Quiche mit Zucchini und Speck. Der Karamell-Cheesecake ist fantastisch, falls man dafür danach noch Platz hat.

Sázavská 19, 120 00 Praha 2 • Metro: Náměstí Míru (A) • +420 7 32 23 88 33 • Mo–Fr 7.30–18.30, Sa 9.30–15.30 Uhr

✶ Moment Bistro & Cafe

»Wir wollten etwas anbieten, das hier im Viertel fehlte,« sagt Lucie, die Inhaberin dieses Cafés, in dem man fantastischen Kaffee der Marke La Bohème Café bestellen kann. Das Café ist auf **Cheesecake und Bagel** spezialisiert. Der Cheesecake ist von der leichten

Sorte, so dass man nach dem Genuss nicht gleich eine Woche lang Sport machen müsste.

Slezská 62, 120 00 Praha 2 • Metro: Jiřího z Poděbrad (A) • +420 775 43 14 40 • www.momentcafe.cz • Mo–Fr 8–19, Sa 11–16 Uhr • Frühstück: 38 CZK

✶ Paul

Alle Filialen von Paul bieten **französisches Backwerk** wie die traditionellen Spezialitäten Croissant oder »pain au chocolat«. Hier kauft man auch die besten »Macarons« der Stadt. Im Sommer wird das Angebot erfrischend. Dann gibt es Eiscreme, Himbeersorbet, frischen Eistee und Macaron Frappé.

Jugoslávská 17/6, 120 00 Praha 2 • Metro: I. P. Pavlova (C) • +420 739 54 21 96 • www.paul-international.com • Mo–Fr 6.30–21.30, Sa, So 8–21 Uhr

✶ Pivovarský klub

In der Tschechischen Republik sind Nichtraucherrestaurants wie dieses eher die Ausnahme, vor allem wenn es sich um ein **Bierlokal** handelt. Hier im Ortsteil Karlín kann man gut und günstig typische tschechische Spezialitäten essen und zwischen 240 Biersorten wählen!

Křižíkova 17, 186 00 Praha 8 • Metro: Florenc (B) • +420 2 22 31 57 77 • www.pivovarskyklub.com • Mo–Fr 11–23.30, Sa, So 11.30–23.30 Uhr • Bierkrautsuppe: 45 CZK, Mittagsmenü: 85–95 CZK

✶ Roma Uno

In der Pizzeria Roma Uno gibt es 39 Pizzasorten aus dem Holzofen und eine reiche Auswahl an **italienischen Spezialitäten**, Salaten und Pasta. Beim Kochen werden nur frische Zutaten und traditionelle Familienrezepte verwendet. Und das Beste: Das Restaurant hat 24 Stunden täglich geöffnet.

Jagellonská 16, 130 00 Praha 3 • Metro: Jiřího z Poděbrad (A) • +420 6 06 90 87 42 • www.romauno.cz • 24 Std., Tagesmenü ab 85 CZK

✶ U Sadu

Dieses Gasthaus hat einem schönen Biergarten und Teile des Restaurants sind für Nichtraucher reserviert. Täglich werden hier mindestens zehn Biersorten ausgeschenkt, vor allem aus kleinen Brauereien und Spezialsorten. Die Küche bietet **tschechische und internationale Küche**, auch für Vegetarier.

Škroupovo náměstí 5, 130 00 Praha 3 • Metro: Jiřího z Poděbrad (A) • +420 2 22 72 70 72 • www.usadu.cz • So, Mo 8–2, Di–Sa 8–4 Uhr • tschechische Spezialitäten ab 55 CZK

Im Stil der Grand-Cafés

Vor der legendären Wiener Kaffeehauskultur mussten sich die Prager noch nie verstecken. Immerhin gab es bereits Anfang des 20. Jahrhunderts über 150 Cafés in der Stadt. Für Künstler, Schriftsteller und Journalisten waren sie ein zweites Zuhause. In der »Kavárna«, wie das Kaffeehaus auf Tschechisch heißt, wurden politische Ideen ersonnen, Revolutionen vorbereitet und Trends in Mode und Kultur gesetzt. Für die kommunistischen Machthaber hingegen waren Kaffeehäuser Treffpunkte der Bourgeoisie, weshalb die meisten nach 1945 schließen mussten. Erst nach einer mehr als vierzigjährigen Unterbrechung bemühte man sich, wieder an die alte Tradition anzuknüpfen und überall in der Stadt einige Grand-Cafés zu rekonstruieren.

Als eines der ersten feierte 1992 das Café Louvre seine Wiedereröffnung. Bereits Anfang des 20. Jahrhunderts war es eines der ersten Kaffeehäuser gewesen, in dem Frauen der gehobenen Gesellschaft ohne Männerbegleitung verkehren durften. Ein architektonisches Kleinod ist das Café Imperial mit seinen weißen Mosaikfließen im ägyptisch-mediterranen Stil.

Exotisch geht es auch im Grand-Café Orient zu, einem Meisterwerk des tschechischen Kubismus. Riesige Jugendstillampen erleuchteten das Ambiente des vielbesuchten Cafés im Repräsentationshaus und im Savoy kam bei der Renovierung eine ornament- und goldverzierte Kassettendecke zum Vorschein. Das im Art-déco-Stil restaurierte Slavia verdankt seinen Ruf Václav Havel, der hier seinen Dissidenten-Stammtisch abhielt. Direkt unter dem Gemälde eines Absinth-Trinkers, vor dessen trunkenem Auge sich schemenhaft das Trugbild einer unbekleideten Frau entfaltet. Nicht wiederbelebt hat man jedoch das »Arco« am Masaryk-Bahnhof, wo sich einst die deutschsprachigen Autoren des Prager Kreises um Franz Kafka trafen.

Wellness

Wer auf der Suche nach Entspannung und Ruhe ist, kann sich auch im Prager Osten bei einer relaxenden Massage, einer Maniküre, einer Gesichtsmaske oder einer entspannenden Fußmassage vom Großstadtstress erholen. In einem Free Floating kann man dem Stress sogar schwerelos davonschweben und im Prince of Wellness muss man nicht zwingend eine Prinzessin sein, um einen Massagetermin bei einem echten Prinzen zu bekommen. Geschäfte, in denen Produkte für Aromatherapie, Massagebürsten, sowie Kräuter, Tees und Naturkosmetik für Zuhause verkauft werden, gibt es ebenfalls reichlich. So kann man mit einer Gesichtsmaske den Teint auch daheim wieder zum Strahlen zu bringen.

✳ Body Island

Body Island offeriert eine ganze Reihe an **Massagen und Heilprozeduren**. Face Lifting ist hier beispielsweise eine nichtchirurgische Lifting-Massage. Neben klassischen Massagen gibt es eine Hawaii-Massage, die den Blutkreislauf und die Lymphsysteme anregt, eine chinesische energetische Massage, eine Honigmassage, eine indische Kopfmassage und eine Ohrenkerzentherapie. Bei den Massagen werden nur die besten organischen Öle verwendet.

U Zvonařky 7, 120 00 Praha 2 • Metro: I. P. Pavlova (C), Tram: Bruselská (11, 13, 56) • +420 777 74 95 86 • www.masaze-terapie.cz • Massage: 500 CZK

✳ Bylinky Kamille

In diesem Geschäft werden **Kräuter, Tees, Naturkosmetik**, Tinkturen und Produkte für die Aromatherapie verkauft. Auch Massagen werden angeboten, man sollte aber vorher einen Termin vereinbaren. Das Sortiment wird ständig erweitert, es gibt auch Produkte aus Merino-Wolle.

Jugoslávská 18, 120 00 Praha 2 • Metro: Náměstí Míru (A), I. P. Pavlova (C) • +420 224 25 37 29 • www.bylinky-praha.cz • Mo–Fr 9–18 Uhr

✳ Robert Starý

Der Inhaber des **Friseursalons** im historischen Teil von Vinohrady gehört zu den besten tschechischen Friseuren. Er hat dreimal den Czech/Slovak Hairdres-

Wellness 133

sing Award gewonnen. Der Salon bietet auch individuelle Beratung und Dienstleistungen an, bei denen jedem Gast ein Maximum an Zeit gewidmet wird.

Politických vězňů 8, 110 00 Praha 1 • Metro: Můstek (A, B) • +420 7 36 66 50 26 • www.robertstary.cz • Mo–Do 9–19, Fr 9–17 Uhr • Damenschnitt ab 950 CZK

✶ Lymfo Body&Face

In diesem Salon kann man mit einer **kosmetischen Pflege** beginnen und mit einer Massage weitermachen. Manuelle Lymphdrainagen entfernen Schadstoffe aus dem Körper, stärken das Immunsystem und sollen Cellulite vorbeugen.

Hybernská 24, 110 00 Praha 1 • Metro: Náměstí Republiky (B) • +420 7 74 32 63 56 • www.lymfobody andface.eu • Mo–Fr 7–21 Uhr, Sa, So nach Vereinbarung • Massage: 600 CZK

✶ Portrait studio

Der junge **Hairdesign-Guru** Michal Zapoměl gehört zu den besten Friseuren und Koloristen der Tschechischen Republik. Zapoměl hat das elegante Interieur seiner Salons selbst entworfen und dazu Antikmöbel in funktionalistischem Design kombiniert. Vor allem aber kann man sich hier von einem der Stars unter den tschechischen Hairstylisten verzaubern lassen.

Soukenická 5, 110 00 Praha 1 • Metro: Náměstí Republiky (B) • +420 2 24 81 87 76 • www.salonportrait.cz • Mo, Di 12–20, Mi 9–17, Do, Fr 12–20 Uhr • Damenschnitt ab 650 CZK

✶ Prince of Wellness

Eine **Massage** von einem Prinzen? Prince V. Allum stammt aus Mauritius und hat sich als Masseur auf die Kombination traditioneller und alternativer Methoden spezialisiert. Er stimmt jede Massage ganz individuell auf die jeweilige Kundin ab. Wahre Wellness für Prinzessinnen!

Škrétova 45/8, 120 00 Praha 2 • Metro: Muzeum (A) • +420 7 33 60 02 19 • www.princeofwellness.cz • Mo–So 10–22 Uhr • Kokoskörperpeeling: 700 CZK

Man muss nicht zwingend eine Prinzessin sein für einen Massagetermin bei einem echten Prinzen. →

Der Osten

✴ Pure Spa & Health Club

Das Pure Spa im Art Hotel Le Palais im Stadtviertel Vinohrady ist eine Oase für Körper und Seele. Hier kann man im **Free Floating** schweben. Bei dieser Anwendung liegt man in einem Softpack auf dem Wasser, ohne nass zu werden. Auch eine Hamam-Liege ist vorhanden.

U Zvonařky 1, 120 00 Praha 2 ▪ Metro: Náměstí Míru (A), Tram: Nuselské schody (11, 13, 56) ▪ +420 234 63 46 70 ▪ www.palaishotel.cz ▪ Pure Spa: Mo–So 9–21 Uhr, Health Club: Mo–So 7–22 Uhr ▪ klassische Massage: 1790 CZK

✴ Sabai

Eine Thaimassage auf höchstem Niveau kann man sich im **Massagezentrum** Sabai gönnen. Thaimassagen haben eine tausendjährige Tradition, sie wirken heilend auf den Körper und beruhigend auf die Seele. Die thailändischen Masseurinnen bieten z. B. Aromamassagen, Massage Back Special, Coffee Slim Wrap (gegen Cellulite) oder Massage Foot Nirvana und auch klassische Thaimassagen.

Sabai Černá Růže Panská 4, 110 00 Praha 1 ▪ Metro: Náměstí Republiky (B) ▪ +420 2 21 01 42 14 ▪ www.sabai.cz ▪ Mo–So 9.30–21.30 Uhr ▪ Massage ab 1590 CZK

✴ Sauna Karlín

Diese Einrichtung verfügt über eine finnische Sauna, ein kleines Kühlbecken und einen Ruheraum. An der gemütlichen Bar kann man sich nicht nur erfrischen, sondern auch verschiedene **Accessoires für die Sauna**, z. B. Massagewaschlappen aus natürlichen Materialen und Massagebürsten kaufen. Es gibt auch ein kleines Angebot an Massagen und Pediküre.

Sokolovská 113/58, 186 00 Praha 8 ▪ Metro: Křižíkova (B), Tram: Karlínské náměstí (3, 8, 52) ▪ +420 6 05 70 48 06 ▪ www.saunakarlin.cz ▪ Mo, Mi, Do 17–21.45 Uhr ▪ Sauna (120 Min.): 200 CZK

✴ Thai Fit

Massagen sind ein ideales Mittel gegen Stress. Bei Thai Fit kann man zwischen verschiedene **Thaimassagen** wählen, es gibt sogar Massagen für Schwangere, Ölmassagen mit 24-karätigem Gold und Schokoladenmassagen. Thai Fit hat zwei Filialen.

Na Poříčí 21, 110 00 Praha 1 ▪ Metro: Masarykovo nádraží (B) ▪ +420 2 24 81 18 76; Petrská 23, 110 00 Praha 1 ▪ Metro: Florenc (B) ▪ +420 2 24 81 52 53 ▪ www.thaifit.cz ▪ Mo–So 9–21 Uhr ▪ 60 Min. Massage für Schwangere: 600 CZK, Goldölmassage: 1200 CZK

Gerüstet für die Nacht: Nach einer erholsamen Massage hat man gleich doppelt so viel Lust, feiern zu gehen.

Ausgehen

Vinohrady gilt als eine der nobelsten Wohnadressen Prags und so gediegen ist auch das Nachtleben. Der Anteil der dort lebenden, vorwiegend westlichen Ausländer ist inzwischen relativ hoch. Und obwohl der Stadtteil gleich hinter dem Nationalmuseum beginnt, verirren sich nur wenige Touristen hierher. Beim abendlichen Ausgehen bleiben die Bewohner in den vielen Kneipen und Clubs des Viertels noch unter sich. Gut betuchte Prager zahlen hier gerne westeuropäische Restaurantpreise, wenn die Qualität stimmt. Denn auf Reisen konnten sie sich längst ein Bild von den Standards in anderen Ländern machen und wollen sich Zuhause dann auch etwas Luxus gönnen. In den Weinbergen von Vinohrady fühlt man sich bei einem Gläschen Wein unter alten Bäumen fast schon wie in Grinzing.

✻ 360° Bar

Herzlich willkommen in der ersten sich um 360 Grad **drehenden Bar** Mitteleuropas! Zu finden ist sie im Designhotel Fusion Hotel Prague. Die Bar im Art-déco-Stil schmücken originelle Bilder und interessante Plastiken tschechischer Künstler. Es gibt eine Wasserpfeifenecke, wo man angeblich die beste Wasserpfeife in Prag rauchen kann, wenn man nicht eh schon den Drehwurm hat.

Panská 9, 110 00 Praha 1 • Metro: Můstek (A, B) • +420 2 26 22 29 96 • www.360loungeandbar.cz • Mo-So 17-2 Uhr • Cocktails ab 115 CZK

✻ Balbínova poetická hospůdka

Unvergessliche Erlebnisse erwarten einen in »Balbíns poetischer Kneipe«, die von Pragern kurz Balbínka genannt wird. Die Atmosphäre dieses traditionellen tschechischen Gasthauses ist einfach unverwechselbar. Fast jeden Abend steht ein **volkstümliches Konzert** auf dem Programm.

Balbínova 6, 120 00 Praha 2 • Metro: Náměstí Míru (A) • +420 7 23 88 91 43 • www.balbinka.cz • Mo-Fr 17-24, Sa, So 18-24 Uhr.

Ausgehen 137

✴ Bar and Books

Im Keller eines Jugendstilhauses aus dem Ende 19. Jahrhunderts logiert diese außergewöhnliche Bar. Das Konzept wurde aus New York importiert, wo sich dieses Lokal als eine der ersten **Zigarrenbars** der Stadt etablierte. Auch in Prag gibt es ein reichhaltiges Angebot an Rum- und Whiskeysorten, Signature Cocktails, Weinen und Champagner. Ladys bekommen montags eine Zigarre gratis und jeden zweiten Samstag gibt es eine Burlesque-Show. Natürlich kann man sich auch bequem in einen Sessel verkrümeln und nur ein Buch lesen.

Mánesova 64, 120 00 Praha 2 • Metro: Jiřího z Poděbrad (A) • +420 2 22 72 45 81 • www.barandbooks.cz/manesova • Mo–So 17–3 Uhr • alkoholische Getränke ab 95 CZK

✴ Be Kara Ok! Karaoke Box Club

Nein, mit Boxen hat der Karaoke Box Club nichts zu tun. Eher mit **Gesang und Sushi**. Jeder der fünf separaten Räume des Clubs ist mit einem Karaoke-System mit zwei Mikrophonen, einem Samsung-Schirm und einem Bose-Soundsystem ausgestattet. Die Cocktails und Sushis kann man direkt über das Display des Karaoke-Raums bestellen.

Legerova 78, 120 00 Praha 2 • Metro Muzeum (A, C) • + 420 2 22 24 00 35 • www.bekaraok.cz • Mo–Do 18–2, Fr–Sa 18–5 Uhr • 800 CZK/Std. (bis 10 Pers.)

✴ Cloud 9 Sky Bar & Lounge

Diese einzigartige **Sky Bar**, die der Architekt Philip Rodgers entworfen hat, logiert im oberen Stock des Prager Luxushotels Hilton. Viel Glas- und Spiegelelemente herrschen hier vor. Von den Fenstern aus genießt man einen wunderschönen Blick auf die ganze Stadt. Es gibt auch eine große Terrasse. Zur abgehobenen Atmosphäre trägt die gute Musik bei, täglich von besten DJs gespielt.

Den Dreh hat man schnell raus: Wenn sich plötzlich die Kulisse ändert, liegt das an der 360°-Bar. →

↑ *Der Elektrosound in der Retro Music Hall ist besonders bei jungen Pragern sehr beliebt.*

Hilton Prague, Pobřežní 1, 180 00 Praha 8 • Metro Florenc (B, C) • +420 224 84 29 99 • www.cloud9.cz • Mo–Sa 18–2 Uhr • Cocktails 180 CZK

✶ Hush

Hush ist nicht nur eine exotische **Cocktail- und Musikbar**, sondern auch ein Café, in dem man einen angenehmen Abend verbringen kann. Im Angebot sind mehr als 100 Getränke, aber auch Wein und Bier. Von Mittwoch bis Samstag mischen hier DJs Musik verschiedener Genres – Brasilianisch, Gypsy und Funk. Das Interieur ist in drei Räume geteilt.

Lublaňská 39, 120 00 Praha 2 • Metro: I. P. Pavlova (C) • +420 774 34 39 55 • www.hushcafe.cz • tgl. • Cocktails ab 80 CZK

✶ Kuře v hodinkách

Der **Club** hat seinen kryptischen Namen Kuře v hodinkách, »das Huhn in der Uhr«, von einem Album der Musikgruppe Flamengo, die als eine der besten Rockgruppen Tschechiens gilt. Im Erdgeschoss kann man im Restaurant sehr gut essen – Salate, Suppen, Pasta, Steaks, gegrilltes Fleisch. Im Musik-Club im Untergeschoss treten regelmäßig Rockgruppen auf.

Seifertova 26, 130 00 Praha 3 • Tram: Husinecká (5, 9, 26) • +420 2 22 73 42 12 • www.kurevhodinkach.eu • je nach Programm geöffnet • Whiskey: 180 CZK

✶ Le Mirage

Dieser **Club** spielt viele Musikgenres, vor allem Breakbeat und Drum'n'Bass, Jungle, Reggae, Dancehall, Hip Hop und R&B. In der Bar sind die Cocktails günstig. Auch das Angebot an Rum ist sehr vielfältig und auf der Rumkarte kann man viel über die Sorten erfahren.

Lublaňská 48, 120 00 Praha 2 • Metro: I. P. Pavlova (C) • +420 2 22 51 11 86 • www.lemirage.cz • Mo–So 17–2 Uhr • Bier: 32 CZK

Ausgehen 139

✶ Palác Akropolis

Dieser **Kulturkomplex** im Stadtteil Žižkov unter dem Fernsehturm ist ein Rock-Club und Veranstaltungsort für interessante Kultur- und Kunstprojekte. Es gibt immer wieder Wechselausstellungen, meist über die Themen elektronische Musik und neue Medien. Die Konzerte kosten in der Regel ein geringes Eintrittsgeld.

Kubelíkova 27, 130 00 Praha 3 · Metro: Jiřího z Poděbrad (A), Tram: Lipanská (5, 9, 26, 55, 58) · Kasse: +420 2 96 33 09 13 · www.palacakropolis.cz · Kasse: Mo–Fr 10–23.30, Sa, So 16–23.30 Uhr · Café Akropolis: Mo–Fr 10–24, Sa, So 16–0 Uhr · Tagesmenü ab 80 CZK

✶ Peach Pit

Diese traditionelle **Musik- und Cocktailbar** wurde ursprünglich von der Serie »Beverly Hills 90210« inspiriert. Jeder der vier Räume hat eine andere Atmosphäre. Neben Restaurant und Bar gibt es auch ein kleines Tanzparkett. Sehr beliebt ist hier auch Karaoke. Am Wochenende gibt es ein buntes Disco-Programm mit Live-DJs.

Budečská 933/22, 120 00 Praha 2 · Metro: Náměstí Míru (A) · +420 6 05 97 49 07 · www.peachpit.cz · Mo–Sa 17–5 Uhr

✶ Popo Cafe Petl

Gute **Tanzschuhe** sind hier Pflicht. In Prag gibt es das Popo Café Petl sowohl im Stadtteil Vinohrady wie auch auf der Kleinseite. Regelmäßig werden Themen-Nächte organisiert: Havana-Nächte, Ska- und Reggae-Nächte, aber auch Musik der Sinti und Roma wird gespielt. Die freundlichen Barkeeper mischen eine wunderbare und nicht zu teure Bloody Mary.

Italská 18, 120 00 Praha 2 · Metro: Náměstí Míru (A) · +420 7 39 11 00 74 · www.popoujezd.cz/italska · je nach Programm geöffnet

✶ Radost FX

Vor allem mit Expats und internationalen Gästen ist das Radost FX meist gut besucht. Die Zeitschrift »Ministry« zählte den beliebten **Expat-Club** zu den 20 besten Clubs der Welt. Radost FX bietet aktuelle Musik, vor allem Genres wie House, Hip Hop oder R&B und Soul. Im Café kann man bis zum frühen Morgen sehr gut vegetarisch essen und im Club die ganze Nacht tanzen.

Bělehradská 120, 120 00 Praha 2 · Metro: I. P. Pavlova (C) · +420 2 24 25 47 76, +420 6 03 18 15 00 · www.radostfx.cz · So–Di 11–2, Mi, Do 11–3, Fr, Sa 11–4 Uhr · Tagesmenü ab 90 CZK

Der Osten

✶ Retro Music Hall

Mit der Atmosphäre eines **modernen Clubs** gehört Retro Music Hall aktuell zu den beliebtesten und meist besuchten Clubs in Prag. Er verfügt über fantastische Beleuchtung und Soundmöglichkeiten. Jeden Mittwoch, Freitag und Samstag gibt es spezielles Programm. Die Getränke sind preisgünstig und der Eintritt ist frei.

Francouzská 75/4, 120 00 Praha 2 • Metro: Náměstí Míru (A) • +420 2 22 51 05 92 • www.retropraha.cz • je nach Programm geöffnet • Tequila: 75 CZK

✶ Studio 54

Wenn alle anderen schließen, geht es hier erst richtig los. Studio 54 gehört zu den wenigen Prager **After-Clubs**. Hier legen die besten tschechischen DJs auf, z. B. Rogers & Peet, Enrico, Lafayette, Loutka. Die Afterpartys beginnen donnerstags und am Wochenende um 4 Uhr morgens und manchmal kommt es vor, dass DJs bis zum nächsten Nachmittag spielen. Für ultimative Nachtschwärmer!

Hybernská 1613/38, 110 00, Praha 1 • Metro: Náměstí Republiky (B) • +420 7 74 44 68 54 • www.studio54.cz • Do 4–10, Sa, So 4–16 Uhr

✶ Techtle Mechtle

In dieser **Musik-Bar** hört man gerne Oldies und live die besten Rocksongs der Gegenwart und der Vergangenheit. Professionelle Bar-Teams bereiten eine große Auswahl an Cocktails zu, aber es gibt auch sehr viele tschechische und ausländische Weinsorten, Schnaps und ausgezeichnetes Essen.

Vinohradská 47, 120 00 Praha 2 • Metro: Náměstí Míru (A) • +420 2 22 25 01 43 • www.techtle-mechtle.cz • Mo-Do 18–4, Fr, Sa 18–5 Uhr • Pasta (200 g): 159 CZK, Cocktails ab 85 CZK

✶ Zahradní restaurace v Riegrových sadech

Die wunderschöne Parkanlage Riegrovy sady ist voll verwinkelter Pfade. Ist man erst mal hier angelangt, bietet sich ein ausgezeichneter Blick auf die Prager Burg. Dieser **Biergarten** zählt zu den schönsten in Prag und hat bis Mitternacht geöffnet. Obwohl es viele Tische gibt, wird es hier beim schönen Wetter sehr schnell voll. Zum Bier gibt es Bratwürste, die immer ganz frisch zubereitet sind, weil sie sich hier sehr schnell verkaufen.

Riegrovy sady 28, 120 00 Praha 2 • Metro: Jiřího z Poděbrad (A) • +420 2 22 71 72 47 • www.restauracerriegrovysady.cz • Mo-So 11–0 Uhr • Tagesmenü ab 85 CZK

Auf ausgeklügelte Licht- und Sound-effekte legt man in der Retro Music Hall ganz besonderen Wert.

Übernachten

Ursprünglich waren Žižkov und Vinorhady eine wenig besiedelte Landschaft und lagen außerhalb des Stadtgebiets. Erst als Karl IV. 1358 im Umkreis von fünf Kilometern um Prag Weinberge anpflanzen ließ, siedelten sich hier auch Einwohner an. Lange Zeit waren beide Viertel touristenfreie Zone. Während sich Žižkov vom Arbeiter- zum Szeneviertel entwickelte, ging es in Vinorhady schon immer gutbürgerlich zu. Hier zu übernachten, heißt mitten unter Einheimischen zu wohnen. Das Spektrum an Unterkünften reicht vom stadtnächsten Campingplatz bis hin zu schönen Jugendstilpalästen.

✳ Boscolo Carlo IV.

Das **Luxushotel** in der Nähe des Hauptbahnhofs empfängt seine Gäste mit einem prunkvollen klassizistischen Portal, das an das Nationaltheater und das Nationalmuseum erinnert. Die Innenausstattung der 152 Zimmer wartet mit einer opulenten Mischung aus historischen und modernen Elementen auf und verfügt sogar über einen Innenpool, was in Prager Hotels selten ist.

Das Gebäude war früher der Sitz der Post und Geheimpolizei und eine Bank war es auch. Womit schnell erklärt ist, was der Dalai Lama hier gemacht hat. Übernachten, was sonst?!

Senovazne Náměstí 13, 110 00 Praha 1 • Metro: Hlavní nádraží (C) • +420 224 59 31 11 • www.prague.boscolo hotels.com • DZ ab 4750 CZK

✳ Camp und Hostel Žižkov

Von allen Prager **Campingplätzen** liegt diese Anlage dem Stadtzentrum am nächsten. Auf einer Grünfläche von 1500 Quadratmetern umgeben von hochgewachsenen Bäumen, stehen 60 Plätze für Zelte und Caravans zur Verfügung. Das Hostel bietet Zwei- bis

Übernachten 143

Vierbettzimmer, einige mit eigenem Bad. Es gibt auch einen Außenpool.

Nad Ohradou 2667/17, 130 00 Praha • Tram: Vozovna Žižkov (1, 11, 29) • +420 6 07 29 65 07 • www.prague camping.com • Camping (Mai–Sept.) ab 150 CZK/Pers., Hostel (Juli–Aug.) DZ ab 960 CZK

✶ Czech Inn Hostel

Das 2006 eröffnete Hostel wurde bereits mit einem **Designpreis** ausgezeichnet und von der »Washington Post« in die Liste der zwölf besten Großstadthostels aufgenommen. Gäste sind neben Rucksackreisenden zunehmend auch Geschäftsleute. Schließlich gibt es neben Schlafsälen mit Stockbetten und Gemeinschaftsbädern auch modern eingerichtete Privatzimmer mit Parkettboden, schwarz-weißen Wänden oder floralem Dekor. Das All-you-can-eat-Frühstück im Café kostet 120 CZK.

Francouzská 76, 101 00 Praha 10 • Tram: Krymská (4, 22, 57, 59) • +420 2 67 26 76 00 • www.czech-inn.com • Schlafsaal ab 285 CZK, Appartement ab 1650 CZK

Ganz viel Platz: Im Xtensive-Zimmer des Fusion-Hotels haben sechs Mädels Platz oder eine Prinzessin. →

✶ Esplanade

Das ruhig in einem Park in der Nähe des Hauptbahnhofs gelegene Hotel ist im Stil der **1930er-Jahre** renoviert und verfügt über 64 exklusive Zimmer und ein gutes französisches Restaurant.

Washingtonova 19, 110 00 Praha 1 • Metro: Hlavní nádraží (C) • +420 2 24 50 11 11 • www.esplanade.cz • DZ ab 2375 CZK

✶ Fusion Hotel

Das **Designhotel** in der Nähe des Wenzelsplatzes war früher eine Bank. Die 91 Zimmer haben tschechische Künstlern gestaltet. Das Xtensive-Zimmer mit einem Riesenbett von 20 Quadratmetern und Platz für sechs Personen eignet sich für Prinzessinnen mit ganz großem Platzanspruch oder für ausgelassene Pyjama-Partys. Es gibt auch eine routierende 360-Grad-Bar und Lounge (S. 136).

Panská 9, 110 00 Prag 1 • Metro: Můstek (A, B) • +420 2 26 22 28 00 • www.fusionhotels.com • DZ ab 1780 CZK

✴ Imperial

Das 2007 renovierte **Art-déco-Hotel** gehört zur gleichnamigen Kaffeehaus-Legende. So turbulent wie früher bei den legendären Krapfenschlachten, als das Haus noch eine Jugendherberge war, geht es allerdings im Café heute nicht mehr zu. Die 87 Zimmer wurden im ursprünglichen Zustand von 1914 weitgehend wiederhergestellt.

Na Poříčí 15, 110 00 Praha 1 • Metro: Náměstí Republiky (B) • +420 2 46 01 16 00 • www.hotel-imperial.cz • DZ ab 2375 CZK

↓ *Im Stil der Belle Époque: Das Hotel Le Palais Art ist ein Kleinod mit bemerkenswerten Fresken.*

✴ K+K Central

Das in der Nähe des Pulverturms gelegene **Jugendstilhotel** mit vier Sternen zeichnet sich durch eine Fassade in filigranem Pflanzendekor aus. Es hat 127 Zimmer und überrascht mit einem schmiedeeisernen Aufzug und einem Speisesaal mit Glasstahltribüne, die über zwei Ebenen reicht.

Hybernská 12, 110 00 Praha 1 • Metro: Náměstí Republiky (B) • +420 2 25 02 20 00 • www.kkhotels.com • DZ ab 4649 CZK

✴ Le Palais Art Hotel Prague

Das **Luxushotel** in Vinohrady ist ein Schmuckkästchen mit 60 Zimmern und zwölf Suiten im Stil der Belle Époque. Die bemerkenswerten Fresken in einigen Suiten stammen von dem böhmischen Maler Ludek Marold, der auch bis 1898 im obersten Stockwerk des Hauses wohnte. Desweiteren sind Kunstwerke von Le Corbusier und Miloš Reindl zu sehen. Es gibt einen Wellnessbereich und die Minibar (samt alkoholischer Getränke) ist im Preis inbegriffen. Ruhig und doch zentral gelegen.

U Zvonarky 1, 120 00 Praha 2 • Tram: Bruselská (11) • +420 2 34 63 41 11 • www.lepalais-prague.com • DZ ab 4475 CZK

Übernachten 145

✳ Miss Sophie's Hostel

Modern eingerichtetes, sehr sauberes **Hostel**. Reduziertes Design, aber ausreichende Ausstattung, nette Atmosphäre und zentrale Lage. 30 Betten, auch Einzel- und Doppelzimmer sind vorhanden.

Melounova 3, 120 00 Praha 2 • Metro: I. P. Pavlova (C) • +420 2 96 30 35 30 • www.miss-sophies.com • Schlafsaal: 250 CZK, DZ ab 1050 CZK

✳ MOODS Boutique Hotel

Die verschieden bunt beleuchteten Zimmerfenster sind das Markenzeichen dieses **Boutique-Hotels**. Puristisches, sehr reduziertes Innendesign mit Sprüchen von Peter Sis, einem tschechischen Illustrator, Künstler und Autor, der in New York lebt. In den 51 Zimmern wird besonderer Wert auf gute Betten gelegt. Damit es dem Rücken auf jeden Fall gut geht, ist eine kostenlose Thaimassage in der Übernachtung inkludiert.

Klimentská 2006/28, 110 00 Praha 1 • Tram: Dlouhá třída (5, 8, 24, 26) • +420 2 22 33 01 00 • www.hotel moods.com • DZ ab 2544 CZK

✳ One Room Hotel im Fernsehturm

Das **Ein-Zimmer-Hotel** bietet seit 2012 auf 70 Metern Höhe im Prager Fernsehturm einen gigantischen Stadtblick aus

↑ *Das Imperial: früher Jugendherberge mit Krapfenschlachten, heute gediegenes Art-déco-Hotel.*

der Vogelperspektive und verfügt tatsächlich nur über ein Zimmer. Der Raum ist lichtdurchflutet, die Einrichtung schnörkellos modern und mit jeder Menge technischem Schnickschnack ausgestattet. Der eigentliche Luxus aber ist der atemberaubende Blick aus dem Fenster. Gäste werden mit einer Limousine abgeholt und auch wieder nach Hause gebracht. Der Chauffeur fährt sie auf Wunsch auch zu den Sehenswürdigkeiten Prags, ein Butler ist ebenfalls im Preis inbegriffen.

Tower Park Praha, Mahlerovy sady 1, 130 00 Praha 3 • Metro: Jiřího z Poděbrad (A) • +420 2 10 32 00 81 • www.oneroomhotel.cz • DZ ab 25 000 CZK

Der Norden

Ausgehen und Feiern in den früheren Fabrikhallen von Holešovice und am Tag darauf entspannen im Letná- oder Stromovka-Park

Der raue Norden Prags hat sich seit den 1990er-Jahren in ein Zentrum der Kunst- und Kneipenszene verwandelt. So ist der Stadtteil Holešovice heute vorwiegend als Ausgeh- und Kunstviertel bekannt. Seine Vergangenheit als Arbeiter-, Fabrik- und Schlachthofquartier bleibt jedoch unverkennbar. Die ehemaligen Markthallen und Schlachthöfe stammen zum größten Teil aus der Zeit der Jahrhundertwende. Viele werden inzwischen als Ausstellungsräume oder Diskotheken genutzt.

Als Nachtschwärmer entdecken die Prager derzeit die Außenbezirke ihrer Stadt, in denen mehr der Backstein als der Glaskubus regiert. Alles wirkt hier ungeordneter und für viele damit echter als so manches schönheitsoperierte Altstadtensemble. Als Meilenstein funktionalen Bauens gilt der Messepalast. Heute beherbergt er auf sechs Etagen Tschechiens bedeutendste Kunstsammlung des 19. bis 21. Jahrhunderts. Um die Gunst eines noch hipperen Publikums wirbt bereits das DOX-Zentrum für zeitgenössische Kunst in einer ehemaligen Metallfabrik.

Der Norden ist auch ein beliebtes Naherholungsgebiet. Der nach englischem Vorbild angelegte Stromovka-Park ist so weitläufig, dass sich hier immer ein ruhiges Plätzchen für ein Picknick finden lässt. Trotz seiner Zentrumsnähe hat auch der Letná-Park seine große Grünfläche behalten. Noch bis 1962 stand hier das weltgrößte Stalin-Denkmal, das später gesprengt wurde. Als Symbol des Wandels hat man an seiner Stelle ein riesiges Metronom aufgestellt.

Auch im Troja-Tal kann man in einer wunderschönen Parklandschaft des Barockschlosses fast wie in Italien flanieren. Die monumentale Freitreppe ist ein idealer Ort, um dort wie Geri Halliwell den ganz großen Auftritt zu proben. Das ehemalige Spice Girl hat hier einen Clip für eines ihrer Musikvideos gedreht. Bezeichnender Titel: »Look at me!«

Kultur

Holešovice am linken Moldauufer hat sich in den letzten Jahren vom Messe-, Industrie- und Schlachthof- zum Ausgehviertel mit Clubs, Restaurants und vielen Kunstgalerien entwickelt. Etwa einen Kilometer von der Karlsbrücke flussabwärts beginnt der bei Skateboardfahrern, Rollerbladern und Radfahrern beliebte Letná-Park. Auf einer Aussichtsplattform steht hier heute das Metronom von David Černý. In der Generali Arena, dem ehemaligen Letná-Stadion am Rand des Parks, tragen Sparta Prag und die Tschechische Nationalmannschaft ihre Fußballspiele aus. Im Troja-Tal tummeln sich 700 Tierarten in Tschechiens größtem Zoo. Gleich vis-à-vis kann man im Barockschloss Troja ein Stück Italien mitten in Prag erleben und in großen Pantoffeln vorsichtig über Holz- und Marmorfußböden gleiten.

✶ DOX-Zentrum (DOX Centrum Současného Umění)

Das privat geführte DOX-Zentrum für **zeitgenössische Kunst** ist mit vielen seiner Installationen noch näher am Zeitgeist der jungen Kunstszene als die traditionellen Kunstsammlungen der Stadt.

Poupětova 1, 170 00 Praha 7 • Metro: Nádraží Holešovice (C) • +420 2 95 56 81 23 • www.dox.cz • Mo, Sa, So 10–18, Mi, Fr 11–19, Do 11–21 Uhr • Eintritt: 180 CZK

Don't miss

Das tschechische »Oktoberfest«. Mitte bis Ende Mai ist am Letná-Park das größte Bierfest des Landes eine Riesenattraktion. Mehr als 100 Biersorten und reichlich deftige Speisen kommen in den Zelten auf den Tisch (www.ceskypivnifestival.cz/de).

✶ Industriepalast (Průmyslový Palác)

Ein architektonisches Juwel auf dem Messegelände Výstaviště ist der Industriepalast. Der Jugendstilbau entstand anlässlich der Prager Jubiläumsausstellung 1891, die damals von 2,5 Millionen Menschen besucht wurde (das Interieur ist nur zu Veranstaltungen geöffnet).

Kultur 151

Das Areal dient als **Veranstaltungsort** für Ausstellungen, Konzerte und andere Kulturveranstaltungen.

Výstaviště 67, 170 00 Praha 7 • Tram: Výstaviště Holešovice (12, 17 24, 53, 54, 91) • +420 2 20 10 31 11 • www.incheba.cz

Werke der Bildhauerei und Malerei, u. a. von Cézanne, Chagall, Gauguin, van Gogh und Pablo Picasso.

Dukelských Hrdinů 530/47, 170 00 Praha 7 • Metro: Vltavská (C) • +420 2 24 30 11 22 • www.ngprague.cz • Di–So 10–18 Uhr • Eintritt: 180 CZK

✶ Lapidarium (Lapidárium)

In einer der **Außenstellen des Nationalmuseums** sind tschechische Steinskulpturen vom 11. bis 19. Jahrhundert ausgestellt, darunter auch die Originalskulpturen von der Karlsbrücke.

Výstaviště 422, 170 00 Praha 7 • Tram: Výstaviště Holešovice (12, 17 24, 53, 54, 91) • +420 7 02 01 33 72 • www.nm.cz • Mi 10–16, Do–So 12–18 Uhr • Eintritt: 50 CZK

✶ Messepalast (Veletržní Palác)

Der 1928 eröffnete Bau war damals der größte Messepalast der Welt und beherbergt seit den 1990er-Jahren die bedeutendste Kunstsammlung des 19. bis 21. Jahrhunderts in Tschechien. Auf sechs Etagen und einer Ausstellungsfläche von 13 500 Quadratmetern zeigt die Nationalgalerie (Národní Galerie)

Besonders sehenswert: Im Lapidarium werden die Originalskulpturen von der Karlsbrücke ausgestellt. →

✶ Metronom im Letná-Park

Auf der Spitze des Letná-Hügels ist weithin ein großes **Metronom** zu sehen. Bis 1962 stand hier noch das damals weltweit größte Stalin-Monument, vor dem Militärparaden und Massenkundgebungen zum 1. Mai abgehalten wurden. Im Jahr 1989, während der Samtenen Revolution demonstrierten

Der Norden

↑ *Symbol des Wandels: Das Metronom löste nach der Wende das weltgrößte Stalin-Monument auf dem Letná-Hügel ab.*

hier mehr als eine halbe Million Menschen gegen das Regime. Als Symbol des Zeitenwandels wurde das 23 Meter hohe Metronom des Bildhauers David Černý aufgestellt. Später fanden dort große Popkonzerte wie das von Michael Jackson statt.

Nábřeží Edvarda Beneše 337/8, 118 00 Praha 1 • Tram: Chotkovy sady (5, 12, 18, 20, 22, 57)

✳ Schloss Troja (Zámek Troja)

Das **Barockschloss** liegt in einem wunderschönen Park zwischen Zoo und Weinbergen, an das sich der Botanische Garten anschließt. Schloss Troja wirkt wie ein Stück Italien mitten in Prag. Dominanter Mittelpunkt des Schlosses ist der Kaisersaal. Ein großartiger Blickfang ist die monumentale Freitreppe mit dramatisch bewegten Skulpturen, die den Kampf der Titanen mit antiken Göttern darstellen.

U Trojského zámku 4/1, 170 00 Praha 7 • Metro: Nádraží Holešovice (C), weiter mit Bus: Zoologická zahrada (112) • +420 2 83 85 16 14 • www.schlosstroja.com • April–Okt. Di–So 10–18, Fr 13–19 Uhr • Eintritt: 120 CZK

✳ Zoo Prag (Zoologická zahrada)

Auf einer Fläche von 60 Hektar liegt der **größte Zoo Tschechiens** im Troja-Tal an der Moldau, in einer Landschaft, die von natürlichen Wasserläufen durchzogen ist. Im Park leben um die 5000 Tiere, davon etwa 700 verschiedene Arten. Neben den typischen Besuchermagneten wie Elefanten, Gorillas, Tiger und Löwen, gehört das Przewalski-Pferd zu den Stars unter den Tieren. Ist es doch die einzige Pferderasse, die in ihrer Wildform überlebt hat.

U Trojského zámku 3/120, 171 00 Praha 7 • Bus von der Metro: Nádraží Holešovice (C), weiter mit Bus: Zoologická zahrada (112), kostenlose Zoo-Linie von Nádraží Holešovice nur Sa, So • +420 2 96 11 22 30 • www.zoopraha.cz • April, Mai, Sept., Okt. 9–18, Juni–Aug. bis 19, Nov.–Feb. bis 16 Uhr • Eintritt: 200 CZK

Großer Auftritt: Auf der Freitreppe von Schloss Troja (oben) wurde der Clip zu »Look at me!« gedreht. Am Puls der Zeit: Das DOX-Zentrum (unten) orientiert sich an der aktuellen, jungen Kunstszene.

Shopping

Beim Einkaufsbummel durch Holešovice landet man unweigerlich im alten Fabrik- und Schlachthofquartier bei den Markthallen direkt am Ufer der Moldau. In der sogenannten River Town befindet sich vor allem ein großer Vietnamesen-Markt. Schnäppchen darf man sich hier unter all den Billigprodukten wohl eher nicht erwarten, dafür umso mehr Nippes wie verspiegelte Sonnenbrillen, blinkende Schlüsselanhänger oder neonbunte Schaumstoffkissen. Die meisten decken sich auf dem Markt lieber mit frischem Obst und Gemüse ein. Auch ausländische Feinkostläden gibt es im Viertel einige. Wer sich für Kunst interessiert, wird in der ehemaligen Brauerei fündig, wo es alles rund um die Fotografie gibt. Eine große Auswahl an tschechischen Designerprodukten und Büchern führt darüber hinaus der Laden des DOX-Zentrums für zeitgenössische Kunst.

✱ Avalon

Eigentlich ist Avalon ein mystischer Ort aus dem Sagenkreis um König Artus. In diesem Fall gibt es hier alles, was geneigte spirituelle Wesen für ihre Arbeit brauchen – Tarotkarten, Duftstäbchen, Zubehör für die **rituelle Praxis**, Duftöle, Kerzen, Kristallkugeln, Pendel, Schmuckstücke mit spiritueller Thematik. Für die einen ist es Budenzauber, für die anderen Magie.

Dukelských hrdinů 16 (Eingang von der Pplk. Sochora), 170 00 Praha 7 • Tram: Strossmayerovo náměstí (12, 17, 24) • +420 728 59 68 08 • www.magickyavalon.cz • Mi–Do 12–19 Uhr

Geht gar nicht

Original oder Fälschung? Auf dem großen Vietnamesen-Markt von Holešovice enttarnen meist die schlechtere Verarbeitung oder auch ein »Tippfehler« im Markennamen die Fälschung.

✱ Čajovna U Kostela

In dieser **orientalischen Teestube** kann man sich direkt auf dem Boden niederlassen oder sich für eine bequeme Couch entscheiden. In der Mitte sorgt der Kamin für eine beruhigende

Atmosphäre. Im Angebot sind mehr als 100 verschiedene Tees, Wasserpfeifen mit 30 Tabaksorten, Kaffee, Teekeramik und orientalische Waren.

Strossmayerovo náměstí 9, 170 00 Praha 7 • Tram: Strossmayerovo náměstí (12, 17, 24) • +420 2 66 71 14 30 • www.cajiky.cz/ukostela • Mo–Do 11–23, Fr 11–24, Sa 14–0, So 14–22 Uhr

✳ Cheesy

Die Ladenkette bringt die Atmosphäre traditioneller holländischer **Käsegeschäfte** und eine große Auswahl preisgünstiger Käsesorten nach Prag. Der Schwerpunkt liegt auf holländischen Käsen, aber es gibt auch Sorten aus Frankreich, Italien, der Schweiz und der Slowakei.

Letenské náměstí 6, 170 00 Praha 7 • Tram: Letenské náměstí (1, 8, 12, 25, 26) • +420 733 71 82 89 • Mo–Fr 9–21, Sa, So 13–20 Uhr

✳ DOX by Qubus

In diesem einzigartigen **Design-Geschäft** im DOX-Zentrum für zeitgenössische Kunst in Holešovice (S. 150) findet man vor allem traditionelle tschechische Produkte, wie Glas oder Porzellan und auch Werke der besten tschechischen Designer sowie tschechische und englische Bücher über Kunst, Architektur und Design.

Poupětova 1A, 170 00 Praha 7 • Metro: Nádraží Holešovice (C), Tram: Ortenovo náměstí (12, 14, 24, 53, 54) • +420 2 95 56 81 14 • www.dox.cz • Mo, Sa, So 10–18, Mi, Fr 11–19, Do 11–21 Uhr

✳ Japa Shop

Japa Shop hat sich auf **japanische Lebensmittel und Mode** spezialisiert. Es ist der größte Importeur japanischer Waren in ganz Mitteleuropa. Neben Teegarnituren und traditioneller japanischer Keramik gibt es auch Manga-Comics-Serien und einen DVD-Verleih. Ebenso im Sortiment: eine bunte Kollektion Designerbekleidung und Accessoires der Marke Momijiva.

Verdunská 21, 160 00 Praha 6 • Metro Dejvická (A) • +420 2 33 32 06 29 • www.japa-shop.cz • Mo–So 10.30–19 Uhr

Vom Letná-Park aus, ganz zentral gelegen, hat man einen guten Blick aufs Stadtzentrum. →

Der Norden

↑ *In der orientalischen Teestube Čajovna U Kostela kann man aus mehr als 100 Teesorten wählen.*

✶ Little Italy

Das Geschäft für in Prag rare **italienische Spezialitäten** liegt direkt neben dem Restaurant Da Emanuel, in dem beste italienische Gerichte serviert werden. Hier gibt es eine Riesenauswahl italienischer Käse, Würste, Weinsorten, Soßen, Gewürze sowie Pasta und frisches italienisches Gebäck. Das Geschäft ist im mediterranen Stil eingerichtet, sodass sich die Kunden wie in Italien fühlen.

Charlese de Gaulla 6, 160 00 Praha 6 • Metro Dejvická (A) • +420 2 30 23 47 63 • www.daemanuel.cz • Mo–Fr 11–20, Sa 11–19, So 12–19 Uhr

✶ Madal Bal

Der Laden für **Deko-Artikel**, Accessoires für den Haushalt und Geschenkideen mit spiritueller Thematik liegt in einer lebhaften Straße. Von innen ist er eine ruhige Oase mit besonders freundlichem Personal.

Dukelských hrdinů 8, 170 00 Praha 7 • Tram: Strossmayerovo náměstí (12, 17, 24) • +420 2 20 87 86 15 • www.madalbal.cz • Mo–Fr 9–18 Uhr

✶ Markthalle Holešovice

Die Markthalle Holešovice wird heute gern River Town genannt, weil sie am Ufer der Moldau liegt. Auf dem **Vietnamesen-Markt** gibt es vor allem sehr billige Bekleidung, Sonnenbrillen und jede Menge Nippes zu kaufen. Weil die Qualität bisweilen auch den Niedrigst-Preisen entspricht, kaufen die meisten Leute hier lieber Obst und Gemüse, Honig, Nüsse, Hülsenfrüchte, Gewürze, Kräuter und verschiedene Käsesorten.

Bubenské nábřeží 306, 170 00 Praha 7 • Metro: Vltavská (C) • www.holesovickatrznice.cz • +420 2 20 80 05 92 • tgl. 10–20 Uhr

✶ Megapixel

Auf dem Gelände der ehemaligen Brauerei von Holešovice gibt es alles, was mit **Fotografie** zu tun hat. Hierkann man nicht nur kaufen, sondern auch Apparate ausleihen. Das Geschäft ist ein sogenannter »Social Store«, das heißt die Verkäufer geben ihren Kunden Fototipps und helfen bei technischen Schwierigkeiten. Darüber hinaus gibt es auch Workshops, ein modernes Print-Zentrum und ein Café mit Fotobücherei.

Komunardů 42, 170 00 Praha 7 ▪ Tram: U Průhonu (14) ▪ +420 270 00 61 69 ▪ www.megapixel.cz/praha ▪ Mo–Sa 9–19 Uhr

✻ Popcorn

Der größte **Skate- & Snow- & Fashion-Shop** in der tschechischen Republik erfreut Snowboarder, Skater, Surfer mit passender »Streetwear«. Der Laden hat eine reiche Auswahl an Labels wie Adio, Grenade, Ambiguous, Planet Earth, Quiksilver, Roxy und Dakine sowie Stilarmbanduhren von House Of Marley.

Milady Horákové 32, 170 00 Praha 7 ▪ Tram: Kamenická (1, 8, 12, 25, 26) ▪ +420 2 33 37 77 17 ▪ www.popcorn shop.cz ▪ Mo–Sa 9.30–19.30, So 11–18 Uhr

✻ Věra Nováková

Die Designerin Věra Nováková stellt seit 2001 originellen **Schmuck** her. Für ihre unkonventionellen Kreationen verwendet sie traditionelle Techniken und Materialen. Klienten aus der ganzen Welt tragen die Ringe und anderen Schmuck aus Weiß- und Gelbgold sowie Patinasilber mit wertvollen Steinen und Perlen. Schmuck von Věra Nováková gibt es auch in anderen Läden zu kaufen, z. B. bei DOX by Qubus, Kubista, Futurista oder Artěl.

Jankovcova 1405/32, 170 00 Praha 7 ▪ +420 605 762 396 ▪ www.vera-novakova.cz

✻ Zdeněk Vacek & Daniel Pošta

Schmuckstücke der Designer Zdeněk Vacek und Daniel Pošta gehören zu den besten und originellsten modernen tschechischen Kleinoden, die man derzeit kaufen kann. Die beiden Designer kombinieren in ihren Arbeiten Perlen, Satin, Metall, synthetische Polymere und verschiedene andere Materialien und Stoffe. Zu ihren besten Kollektionen gehören Zorya, Bye Bye Birdie und Virus. Ihren Schmuck verkaufen sie bei DOX by Qubus (S. 155)

www.zdenekvacek.com,
www.danielposta.com,
www.zorya.cz

Restaurants & Cafés

Der Norden punktet mit seinen Ausflugsrestaurants im Stromovka- und Letná-Park, wo man nach einem ausgedehnten Spaziergang im Sommer idyllisch im Grünen sitzen kann. In den Parkanlagen lässt es sich auch ebenso schön Picknicken oder Grillen. Manche Lokale verleihen hierzu sogar einen Grill oder Picknickkorb. Im Norden sind Kneipen, Fair-Trade-Cafés oder auch Milchbars vornehmlich ein Treffpunkt der alternativen und künstlerisch orientierten Szene. Bisweilen finden in den Lokalen selbst viele Ausstellungen statt. Auch die ehemaligen Fabrikhallen sind nicht nur auf Tanzvolk eingestellt. Das SaSaZu bietet z.B. im selben Gebäude ein Restaurant mit ausgezeichneter asiatischer Küche.

✷ Alchymista

In der **Konditorei** mit Café und Teestube kann man noch die Atmosphäre der Kaffeehäuser der Ersten Republik erleben. Das holzgetäfelte Interieur ist im Retrostil gehalten und auf dem Tisch stehen immer frische Blumen. Es gibt ausgezeichnete Torten und fantastischen Kaffee oder Tee. Im Gebäude lohnt der Besuch der Galerie Scarabeus. Im Sommer kann man in einem romantischen Garten mit kleinem See sitzen.

Jana Zajíce 7/975, 170 00 Praha 7 • Metro: Hradčanská (A), Tram: Letenské náměstí (1, 8, 12, 25, 26, 51, 56) • +420 732 93 80 46 • www.alchymista.cz • Mo–So 10.30–21.30, Mo–Fr Frühstück ab 7.30 Uhr

✷ Avion 58

Das Restaurant Avion 58 ist im Gebäude einer Brauerei von 1895 untergebracht. Die Speisekarte begeistert die Fans der tschechischen, aber auch der **exotischen Küche** und es gibt gutes Bier und guten Wein. Hier kann man auch lecker frühstücken und es gibt jeden Tag frischen Kuchen.

Komunardů 42, 170 00 Praha 7 • Metro: Nádraží Holešovice (C), Tram: U Průhonu (12, 14, 53, 54) • +420 6 01 57 52 22 • www.avion58.cz • Mo–Do 8–0, Fr 8–1, Sa 10–1, Küche 11–23 Uhr • Hauptgerichte ab 120 CZK

✷ Biblioteca del vino

In dieser **Weinstube** mit italienischem Flair kann man ausgezeichnete italie-

Restaurants & Cafés 159

nische Weine von kleinen Produzenten probieren. Alle werden persönlich vom Inhaber des Restaurants ausgewählt, der sich für die italienische Kultur und Gastronomie begeistert. Dazu gibt es getrockneten geräucherten Schinken sowie ausgezeichneten italienischen Kaffee.

Komunardů 32, 170 00 Praha 7 • Tram: Dělnická (12, 14, 53, 54) • +420 7 75 90 41 25 • www.biblioteca delvino.cz • Mo–Fr 15.30–23.30, Sa 18–23 Uhr • Glas Prosseco: 70 CZK

↑ *Der Industriepalast ist nur zu Veranstaltungen geöffnet, aber auch von außen ein architektonisches Juwel.*

✳ Café Jedna

Das Café Jedna im Gebäude der Nationalgalerie im Messepalast bietet **Fair-Trade-Kaffeesorten** aus der Rösterei Mamacoffee, Kaffeesorten der Marke Original Coffee und auch Qualitätstees aus der ganzen Welt. Hier kann man auch Bier aus kleineren Lokalbrauereien trinken (inkl. Spezialbiersorten) und Gebäck aus der Bäckerei Kosher Food probieren.

Veletržní palác, Dukelských hrdinů 47, 170 00 Praha 7 • Tram: Veletržní palác (12, 17, 24, 53, 54) • +420 7 78 44 08 77 • www.mamacoffee.cz/kavarny/kavarna-cafe-jedna • Mo–Fr 9–0, Sa, So 10–0 Uhr

✳ Caffeine

In diesem modernen Café mit bequemen Lehnstühlen und Tischen für zwei Personen trinkt man **ausgezeichneten Kaffee**. Sehr beliebt sind auch die einfachen Mittagsmenüs (Suppe, Panini, Quiche) und der regelmäßig freitags angebotene Event »After work drink«.

Dukelských hrdinů 407/26, 170 00 Praha 7 • Metro: Vltavská (C), Tram: Veletržní palác (12, 17, 24, 53, 54) • +420 2 33 00 55 08 • www.caffeine prague.cz • Mo 11–21, Di–Sa 9–23, So 11–21 Uhr • Frühstücksmenü: 75 CZK

✳ Erhartova cukrárna

Die **Konditorei mit Café**, die im funktionalistischen Stil eingerichtet ist, wurde schon 1939 eröffnet. Die wichtigsten Elemente des Interieurs blieben bis heute erhalten. Es gibt traditionelle

↑ *Zeitgenössische Kunst als Deckenbeleuchtung: Das Café im DOX-Zentrum überzeugt mit modernem Ambiente.*

Desserts, z. B. Cremerollen oder Spritzkuchen, aber auch originelle Torten nach eigenen Rezepturen, Schokobonbons und Pralinen.

Milady Horákové 56, 170 00 Praha 7 • Metro: Hradčanská (A), Tram: Letenské náměstí (1, 8, 12, 25, 26, 51, 56) • +420 2 33 31 21 48 • www.erhartovacukrarna.cz • Mo–So 10–19 Uhr • Desserts ab 20 CZK

✴ Kavárna DOX

Das **Café** im DOX-Zentrum für zeitgenössische Kunst (S. 150), einer ehemaligen Fabrik, hat eine schöne Terrasse und bietet ausgezeichneten Kaffee und kleine Gerichte. Wenn man schon mal da ist, lohnt auch der Besuch der Buchhandlung und des Designgeschäfts.

Poupětova 1, 170 00 Praha 7 • Metro: Nádraží Holešovice (C), Tram: Ortenovo náměstí (12, 14, 24, 53, 54) • +420 2 95 56 81 24 • www.dox.cz • Mo 10–18, Mi, Fr 11–19, Do 11–21, Sa, So 10–18 Uhr • Espresso: 40 CZK

✴ Kavárna pod Lipami

Café und Geschäft mit Zubehör für die Kaffeezubereitung zu Hause. Hier werden frisch gemahlener Fair-Trade-Kaffee aus der Rösterei Mamacoffee und Tee zubereitet. Jeden Tag gibt es frische Nachspeisen aaus der eigenen Bäckerei und Suppen mit frischem Brot. Zum Essen gibt es Hummus mit Pitabrot, Quiche und Baguettes. Im Café finden Ausstellungen junger Künstler statt.

Čechova 1, 170 00 Praha 7 • Tram: Letenské náměstí (1, 8, 12, 25, 26, 51) • +420 7 77 56 86 58 • www.mamacoffee.cz • Mo–Fr 8.30–22, Sa, So ab 11 Uhr

✴ Kidó Bistro

Aufstriche mit frischem Brot, Quiche, Suppen und andere Spezialitäten aus superfrischen Zutaten gibt es in diesem hübschen, modernen Bistro aus Mamas Küche. Alle Gerichte werden nach traditionellen **Hausrezepten** zubereitet, auch mehrmals täglich, sodass alles wirklich frisch ist, nach dem Motto: gesund und immer mit Liebe gemacht. Auch Vegetarier kommen hier auf ihre Kosten.

Šmeralova 22, 170 00 Praha 7 • Tram: Letenské náměstí (1, 8, 12, 15, 25, 26) • +420 2 33 32 04 26 • www.lovekido.cz • Mo–Fr 9–20, Sa, So 12–17 Uhr • Frühstück ab 70 CZK, Gemüsegerichte ab 120 CZK

✴ Kumbál

Das beliebte Café ist auch **Milchbar** und punktet mit netter Familienatmosphäre. Hier werden Torten, belegte Brote, Desserts, Kaffee, Tee, heiße Schokolade und jeden Tag eine andere Suppe angeboten. Empfehlenswert sind der Cheesecake, die Milchshakes und die fantastischen Pfannkuchen. Auch Gäste mit Hunden sind hier gern gesehen.

Heřmanova 12, 170 00 Praha 7 • Metro: Vltavská (C), Tram: Veletržní palác (12, 17, 24, 53, 54) • +420 7 77 55 98 42 • www.kumbal.cz • Mo–Fr 8–21.30, Sa, So 9–21.30 Uhr • Panini: 49 CZK, Suppe: 29 CZK

In der Letenský-Villa gibt es mehrere Restaurants. Besonders romantisch ist ein Abendessen bei Kerzenlicht. →

✴ Letenský-Villa (Letenský Zámeček)

Die Letenský-Villa liegt mitten im Letná-Park und bietet die schönsten Blicke auf die ganze Stadt. Im Gebäude befinden sich vier Restaurants. Die Brasserie Ullman ist für Liebhaber der modernen Küche. Das Restaurant Belcredi eignet sich für ein Abendessen bei Kerzenlicht in gehobenem Ambiente. Im Gartenrestaurant wird gegrillt und Bier getrunken. Eine besonders intime Atmosphäre bietet der kleine **Salon im Turm** mit nur einem Tisch und vier Stühlen.

Letenské sady 341, 170 00 Praha 7 • Tram: Čechův most (1, 8, 12, 17) oder Letenské náměstí (25, 26) • +420 2 33 37 82 00 • www.letensky zamecek.cz • Mo–Fr 11–23 Uhr • Hauptgerichte ab 290 CZK

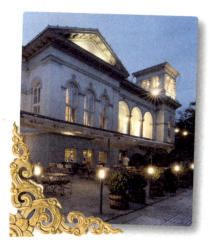

Der Norden

✸ Lokál Nad Stromovkou

Hier kann man typische **tschechische Spezialitäten** wie Presswurst mit Zwiebeln probieren. Gekocht wird ausschließlich mit frischen Qualitätsprodukten. Die Auswahl ist sehr groß, die Preise sind günstig.

Nad Královskou oborou 232/31, 170 00 Praha 7 • Metro: Hradčanská (A), Tram: Letenské náměstí (1, 8, 12, 25, 26, 51, 56) • +420 2 20 91 23 19 • www.ambi.cz • Mo–Do 11.30–0, Fr 11.30–1, Sa 12–1, So 12–22 Uhr • Hauptgerichte ab 105 CZK

✸ Perpetuum – Prague Duck Restaurant

Die erste Adresse für tschechische **Entenspezialitäten** in Prag. Ebenso werden Gerichte der modernen, leichten tschechischen Küche angeboten. Einziger Nachteil: Das Lokal hat nur 40 Plätze.

Na Hutích 9, 160 00 Praha 6 • Metro: Dejvická (A) • +420 2 33 32 34 29 • www.restauraceperpetuum.cz • Mo–Sa 11.30–23 Uhr • Menü ab 230 CZK

✸ Pizzeria Grosseto

Die **Pizzeria** erhielt 2014 die Auszeichnung für die beste Pizza der Stadt und punktet mit angenehmem Interieur, schneller Bedienung und ausgezeichnetem Essen. Eine Reservierung ist zu empfehlen, will man nicht auf einen Tisch warten. Als Dessert ist Vanilleeis mit Pistaziennüssen und Schokoladencreme sehr lecker.

Jugoslávských partyzánů 8, 160 00 Praha 6 • Metro: Dejvická (A) • +420 2 33 34 26 94 • www.grosseto.cz/dejvice • Mo–So 11.30–23 Uhr • Hauptgerichte ab 150 CZK

✸ Vozovna Stromovka

Das **Ausflugsrestaurant** im schönen Stromovka-Park ist bei Familien beliebt, weil es dort einen großen Kinderspielplatz gibt. Hier kann man auch draußen auf der Terrasse oder im Sommergarten sitzen oder sich einen Korb für ein Picknick auf der Wiese ausleihen.

Královská obora 2, 170 00 Praha 7 • Metro: Nádraží Holešovice (C), Tram: Výstaviště Holešovice (12, 17, 24, 53) • + 420 7 25 12 37 05 • www.vozovna-stromovka.cz • Mo–Sa 10–21 Uhr • Hauptgerichte ab 120 CZK

Im Gartenpavillon der Villa Letenský lässt sich im Sommer gepflegt ein Bier genießen.

Wellness

Zu den schönsten Parks in Prag gehören der Stromovka- und der Letná-Park. Hier kann man bei langen Spaziergängen wohltuend entspannen und wieder neue Kraft schöpfen oder sich auch an einer Runde Pétanque beteiligen. Das Spiel mit den Stahlkugeln ist selbst für Anfänger schnell zu lernen. Man kann die Stadt aber auch auf eine bequeme und umweltfreundliche Weise anschauen und sich ein E-Bike oder Segway ausleihen. Beide Gefährte eigen sich besonders auf dem recht hügeligen Terrain von Prag, um gut und entspannt voranzukommen, ohne sich völlig verausgaben zu müssen. Wer dann doch noch was für die Gesundheit tun will, kann sich für eine Bootstour auf der Moldau ein Tretboot mieten. Für Prinzessinnen gibt es die sogar in Form eines weißen Plastikschwans.

✲ Boule im Letná-Park

Im Letná-Park (Letenské sady) liegt das schöne Schlösschen Letenský zámeček, wo man auch **Pétanque**, spielen kann. Ideal, um nach gutem Essen und ausgezeichnetem Wein im Restaurant noch ein Stück französisches Savoir-vivre zu genießen!

Letenské sady 341, 170 00 Praha 7 • Tram: Nábřeží Kapitána Jaroše (8, 17, 24, 26, 51) • +420 233 37 82 00 • www.letenskyzamecek.cz • tgl. 10–20 Uhr • Pétanqueschule: 200 CZK/Std.

✲ Infinit

Im Infinit werden hauptsächlich **Massagen** angeboten: Erholungs- und Sportmassagen, Massage mit heißen Lavasteinen, Hydro- und Bambusmassage sowie Kräuterbäder. Vorher kann man hier auch die Sauna besuchen, sodass die Muskeln entspannen und auf die Massage vorbereitet sind. Eine Spezialität ist die Königsmassage, bei der man von zwei Masseuren gleichzeitig verwöhnt wird.

Jablonského 639/4, 170 00 Praha 7 • Metro: Nádraží Holešovice (C) • +420 608 87 76 04 • www.infinit.cz • Mo–So 9–23 Uhr • Massage: 890 CZK

Wellness 165

✳ Rehabilitační Holešovické Centrum

In diesem Zentrum gibt es klassische Massagen oder Reflexmassagen, die gegen Schmerzen wirken sollen. Die Behandlungen werden hier ohne Massageöle durchgeführt. Sehr positiv auf den Körper wirken auch Lymphdrainagen, die gegen Cellulite helfen und Schwellungen lindern sowie die Hautspannung verbessern sollen. Das Zentrum ist auch auf Thermotherapie spezialisiert wie beispielsweise Paraffinumschläge für Hände oder Rücken.

Tovární 12, 170 00 Praha 7 • Tram: Dělnická (3, 5) • +420 724 74 00 45 • www.rhcentrum.cz • Mo–Fr 8–19 Uhr • Reflexmassage: 380 CZK

✳ Segway-Verleih

Segways sind ideal, um die Stadt auf eine umweltfreundliche und bequeme Weise anzuschauen. Auf einem Segway steht man aufrecht auf zwei Rädern und steuert mittels Gewichtsverlagerung die Geschwindigkeit. Es reicht, sich nur etwas vorzubeugen und schon fährt man los. Vor allem in der Gruppe hat man bei der Fahrt viel Spaß. Segways sind sicher und bequem. Sie fahren nicht über 20 Stundenkilometer. Und es ist sehr einfach, damit auch im hügeligen Terrain von Prag zu fahren.

Dukelských hrdinů 40, 170 00 Praha 7 • Tram: Veletržní palác (12, 17, 24, 53) • +420 2 66 71 03 00 • www.segway.cz • ab 500 CZK

✳ Stromovka-Park

Der Stromovka-Park gehört zu den schönsten Parks in Prag. Hier kann man spazieren gehen oder einfach auf der Decke liegen und faulenzen. Wer Lust auf Freizeitaktivitäten hat, kann dazu die nötige Ausrüstung bei Šlechtovka ausleihen: Speedminton, Frisbee, Longboard, Scooter, Pétanquekugeln oder Kegel. Wenn man danach hungrig ist, gibt es auch einen tragbaren Leihgrill. Der Park ist ziemlich groß, es lässt sich daher immer ein ruhiges Plätzchen finden.

Královská obora, 170 00 Praha 7 • Metro: Nádraží Holešovice (C) • +420 7 31 35 45 52 • www.slechtovka.com/pujcovna/ • Mo–So 11–23 Uhr • Speedminton (2 Pers.): 100 CZK/Std., Pétanque (4 Pers.): 50 CZK/Std., 100 CZK/Tag

✳ Štvanice-Insel (Ostrov Štvanice)

Die Štvanice-Insel ist 1250 Meter lang und 190 Meter breit. Sie wurde angesichts der vielen kleinen umliegenden Inseln »Groß Venedig« genannt und ist das Mekka der **Freizeitsportler**. An heißen Sommertagen lockt ein großes öffentliches Schwimmbad mit Sonnenwiese. Zudem gibt es ein Eisstadion sowie Minigolf-, Volleyball- und Tennisplätze. 1986 wurde hier das größte und modernste Tennisstadion Tschechiens errichtet. Die Plätze können gemietet werden.

Ostrov Štvanice 1125, 170 00 Praha 7 • Tram: Vltavská (1, 24, 25) • +420 739 32 36 10 • www.novastvanice.cz

✶ Tennisclub Sparta Prag (Tenisovy Klub Sparta Prag)

Im Tennisclub von Sparta Prag wurden Tennislegenden wie Martina Navrátilová und Ivan Lendl groß. Auch als Hobbyspieler kann man hier einen Platz mieten oder sich eine Trainerstunde reservieren. Die moderne **Klubanlage** wird nicht nur von Hochleistungssportlern geschätzt, sondern auch von allen, die Sport als Ausgleich und Entspannung sehen. Wegen der etwas versteckten Lage in Holešovice empfiehlt es sich, mit dem Taxi oder dem Auto (es gibt genügend Parkplätze) zu kommen.

Za Císařským mlýnem 1115/2, 170 00 Praha 7 • Tram: Sparta (1, 8, 12, 25, 26) • +420 233 32 03 69 • www.tkspartapraha.cz • Platzmiete ab 300 CZK, Trainerstunde ab 600 CZK

✶ Thai World

Von Thai World gibt es in Prag drei Zentren. Die **Thaimassage** wird manchmal auch Thai-Yoga-Massage genannt, weil die Therapeuten Hände, Füße und Knie einsetzen, sodass der Körper bei dieser Massage in Positionen gestreckt wird, die an Yoga erinnern. In Thai World kann man sich in einer ruhigen exotischen Atmosphäre erholen.

Milady Horákové 54, 170 00 Praha 7 • Tram: Letenské náměstí (1, 8, 12, 25, 26, 51) • +420 233 38 17 63 • www.thaiworld.cz • Mo–So 9–22 Uhr • traditionelle Thaimassage: 599 CZK

✶ Wellness Rooseveltova

Das Interieur des **Wellness-Zentrums** hat der bekannte tschechische Architekt Bořek Šípek entworfen. Es ist sehr luxuriös mit privaten Massageräumen und Duschen ausgestattet. Die Haut wird hier mit japanischer und französischer Kosmetik gepflegt. Allerdings ist das Rooseveltova ohne Auto nur schwer zu erreichen.

Rooseveltova 10, 160 00 Praha 6 • Bus: Sibiřské náměstí (131) • +420 233 31 00 38 • www.centrum-relaxace.cz • Thaimassage Ritual Herbal: 1650 CZK

Spielen wie Martina Navrátilová

Der Tennisclub Sparta ist nicht irgendein Klub. Viele tschechische Tennisstars sind auf den gepflegten Plätzen an der Moldau groß geworden, darunter die Tennislegende Martina Navrátilová, gebürtige Pragerin und mit etlichen Titeln die vielleicht beste Tennisspielerin aller Zeiten. Wettkämpfe trugen hier auch die vierfache Grand-Slam-Gewinnerin Hana Mandlíková sowie die Wimbledon-Sieger Helena Suková und Jan Kodeš aus. Ivan Lendl, der beste Spieler der 1980er-Jahre und achtfache Grand-Slam-Sieger, taucht bis heute ab und an bei Sparta auf, wenn er in Prag ist, und greift zum Schläger.

Wer beim 1905 gegründeten Tenisovy Klub Sparta Prag aufschlägt, spielt auf dem National Tennis Trainings Center in Tschechien schlechthin. Hier kann man Weltklassestars beim Schlagabtausch beobachten oder zusehen, wie junge Nachwuchstalente auf Spitzenniveau getrimmt werden. Trotzdem wird man auch als Hobbyspieler nicht schräg angeschaut. Auf einem der Courts kann man auch selbst einen Platz mieten und versuchen, das Beste aus seiner Vor- und Rückhand herauszuholen. Oder man nimmt lieber gleich eine Trainerstunde, die gibt es hier sogar auf Deutsch.

Ausgehen

Im Nachtleben entdecken die Prager gerade verstärkt ihre Außenbezirke. Vor allem die Hallenkultur in Holešovice hat sich wegen ihrer Zentrumsnähe zum Künstler- und Szenetreff entwickelt. Der rauen Gegend sieht man seine Vergangenheit als Arbeiter-, Fabrik- und Schlachthofviertel noch an. Holešovices heißester Club gilt gleichzeitig auch als der beste der Stadt: das SaSaZu, zu dem auch ein stylishes Asia-Restaurant gehört. Wo früher die Tiere zur Schlachtbank geführt wurden, tanzen auf mehreren Stockwerken nun bis zu 2500 Leute durch die 5000 Quadratmeter große Riesendisco. Im Viertel gibt es auch eine große Auswahl internationaler Restaurants, wo man sich stärken kann, bevor man zum Tanzen oder eine Runde Bowling spielen geht.

✶ Bar Bárka

Regelmäßig werden hier Fotoausstellungen und DVD-Projektionen organisiert. Die **Bar** verfügt über ein reiches Angebot an Getränken, vor allem verschiedene Whiskey- und Bourbonsorten. Dazu gibt es Kleinigkeiten zu essen, z. B. Nachos und Salsa oder tschechische Kneipenspezialitäten.

Heřmanova 27, 170 00 Praha 7 • Tram: Veletržní (12, 24, 15, 17, 53, 54) • +420 774 21 14 18 • www.barbarka.cz • Mi–Fr 17–3 Uhr

✶ Bar Pětka

Die **Bar** gehört zum Restaurant Pět peněz. Hier kann man gut tschechische oder internationale Küche essen und anschließend für ein paar Drinks in die Bar wechseln. Im kleinen Garten im Innenhof sitzt man im Sommer angenehm draußen. Die Preise sind sehr günstig, dafür ist die Auswahl übersichtlich.

Dělnická 30, 170 00 Praha 7 • Tram: Dělnická (1, 12, 14, 25) • +420 2 20 80 83 76 • www.restaurace

Don't miss

Tee im Turm: Im ehemaligen Wasserturm von Letná wird heute Tee aufgegossen. Der Zeremonienmeister hat in seiner Turmstube mehr als 80 Sorten zur Auswahl.

Ausgehen 169

petpenez.cz • Mo–So 17–2 Uhr • Bier: 30 CZK

✳ Bowling Radava

Ursprünglich befand sich in den Räumen einst ein Kino, heute ist es eines der größten Bowlingzentren in der Tschechischen Republik. Im Erdgeschoss sind sechs **Bowlingbahnen**, im ersten Stock noch mal sechs. Das Zentrum ist auch für absolute Anfänger geeignet und hat ein Restaurant.

Milady Horákové 394/37, 170 00 Praha 7 • Tram: Kamenická (1, 8, 15, 25, 26) • +420 2 33 10 12 12 • www.radava.cz/miladka • Restaurant: Mo–So 11–23, Spielraum Nr. 1, Nr. 2: Mo–So bis 0 Uhr • ab 260 CZK/Std.

✳ Cross Club

Der **Club** bietet auf zwei Podien Live-Musik und DJs aus der ganzen Welt, experimentelles Theater, Poesieabende und Ausstellungen. Was die Musik betrifft, kann man hier Drum and Bass, Reggae, Ska, Punk und World Music hören. Das Interieur verändert sich permanent, auffallend ist das vorwiegend futuristische Design.

Séparée: Im Tanzclub Mecca ist auf drei Stockwerken jede Menge Platz auch für lauschige Ecken. →

Plynární 1096/23, 17000 Praha 7 • Metro: Nádraží Holešovice (C) • +420 7 36 53 50 10 • www.crossclub.cz • So–Do 18–4, Fr, Sa 18–6 Uhr • Cocktails ab 80 CZK

✳ Hells Bells Beer Pub

Das Restaurant ist Partner des weltberühmten Rockpubs Hells Bells Rockin' Pub. Hier kann man gute **Rockmusik** hören, aber auch gut essen. Das Interieur ist dem Rocker- und Bikerambiente angepasst: dunkle Wände, Ziegelsteinmauern und Holzmobiliar.

Letohradská 50, 170 00 Praha 7 • Tram: Letenské náměstí (1, 8, 12, 25, 26) • +420 7 33 73 49 18 • www.hellsbells.cz • Mo–Do 11–0.30, Fr 11–2, Sa 12–2, So 12–22 Uhr • Flasche Sekt: 250 CZK

✴ Irish Pub O'Brien

Das **Irish Pub** ist oben im klassischen Stil gehalten und im unteren Stock als Piratenschiff von Kapitän Hook gestaltet. Je nach Appetit kann man sich zu unterschiedlichen Schiffsfahrten aufmachen: nach Westen in Richtung Dublin, wo man Guinness trinkt. In Richtung Belgien, wo man Hoegaarden serviert bekommt oder in andere Himmelsrichtungen.

Janovského 36, 170 00 Praha 7 • Tram: Veletržní palác (12, 17, 24, 53, 54) • +420 2 83 92 31 95 • www.pubobrien.cz • Mo–Do 11–0, Fr 11–2, Sa 17–2, So 17–0 Uhr • Bier: 63 CZK

✴ La Bodega Flamenca

Das **spanische Restaurant** bietet täglich wechselnde, klassische spanische Tapas, spanische Weine, ausgezeichneten Sangria und Musik von Flamenco über Cubano bis zu Latino. Es gibt Weine aus den besten Regionen Spaniens und Sherry verschiedenen Alters.

Šmeralova 5, 170 00 Praha 7 • Tram: Letenské náměstí (1, 8, 12, 25, 26) • +420 2 33 37 40 75 • www.labodega.cz • So–Do 16–1, Fr, Sa 16–3 Uhr • Tapas ab 58 CZK

✴ Maledivy

Mexiko mit seinen Farben, Aromen und Geschmacksrichtungen ist in diesem typisch **mexikanischen Restaurant** zu Hause. Es werden fantastische »Fajitas«, pikante »Quesadillas« mit Paprika und »Jalapeños« sowie »Enchiladas con Carne« angeboten. Auch das Interieur ist so mexikanisch, dass man sich hier wie im Urlaub fühlt.

Janovského 3, 170 00 Praha 7 • Tram: Strossmayerovo náměstí (1, 8, 12, 17, 24, 25, 26) • +420 7 39 28 99 63 • www.restauracemaledivy.cz • Mo–Sa 11.30–23 Uhr • Nachos mit Salsa ab 85 CZK

✴ Mecca

Mecca ist ein beliebter **Tanzclub** in einer ehemaligen Fabrik. Über drei Stockwerke, zwei Bühnen und fünf Bars bieten jede Menge Platz. Der Club hat sich bei der Musik auf House spezialisiert, auf den Partys spielen die besten DJs aus der ganzen Welt. Und weil der Club etwas weiter vom Stadtzentrum entfernt liegt, spielen Lautstärke und Sperrstunde keine große Rolle.

U Průhonu 3, 170 00 Praha 7 • Metro: Nádraží Holešovice (C), Tram: Dělnická (1, 12, 14, 24, 25, 54) • +420 7 34 15 53 00 • www.mecca.cz • Fr, Sa 22–6 Uhr

Im Cross Club (oben) verändert sich das Interieur je nach Veranstaltung. Der Tanzclub Mecca (unten) kann abseits vom Zentrum auch mal laut aufdrehen.

Der Norden

✳ Nacafé

In diesem **Café** gibt es frische hausgemachte Limonaden, mährische und ausländische Weine sowie guten Kaffee aus der tschechischen Rösterei Yakima Coffee, ausgezeichnete Quiche und Tapas. Es werden regelmäßig kulturelle Events veranstaltet. Zur Verfügung stehen Tageszeitungen, Magazine und Brettspiele.

Šmeralova 15, 170 00 Praha 7 • Tram: Letenské náměstí (1, 8, 12, 25, 26) • +420 776 88 73 39 • www.nacafe.cz • Mo–So 12–22 Uhr

✳ SaSaZu

Der **Tanztempel** entstand 2009 und ist mit Platz für 2500 Leute einer der größten, modernsten und angesagtesten in Prag. Das Restaurant SaSaZu im selben Gebäude bietet ausgezeichnete, authentische asiatische Küche. Bevor man also die ganze Nacht durchtanzt, kann man hier vorher etwas Exotisches essen.

Bubenské nábřeží 306, 170 00 Praha 7 • Metro: Vltavská (C), Tram: Pražská tržnice (1, 14, 25) • +420 284 09 74 55 • www.sasazu.com • So–Do 12–0, Fr, Sa 12–1 Uhr

✳ Tee im Turm (Čajovna ve věži)

Der zauberhafte Turm mit **Teestube**, nur ein paar Schritte vom Letenské náměstí entfernt, ist 1888 im Neo-Renaissance-Stil als Wasserturm erbaut worden. Heute ist er das wichtigste Wahrzeichen des Stadtteils Letná. Wer hier abends hinaufsteigt, wird sich wie in einer anderen Zeit fühlen. Oben schafft Teemeister Keemun Mao Feng bei einer Auswahl von mehr als 80 Teesorten eine vollkommene Oase der Ruhe.

Na výšinách 1 (Eingang von Korunovační Str.), 170 00 Praha 7 • Tram: Sparta (1, 5, 8, 25, 26) • +420 724 59 32 15 • www.cajovnavevezi.cz • Mo–So 17–23 (im Sommer) bzw. 16–22 Uhr (im Winter)

✳ Zahradní pivnice Letenské sady

Der **Biergarten** liegt im Letná-Park, direkt vor dem Neurenaissance-Schlösschen Letenský zámeček. Von hier oben hat man einen einzigartigen Blick auf das Prager Stadtpanorama, die Moldau und die vielen Brücken. Im Garten wird tschechisches Bier getrunken und das Publikum ist angenehm gemischt.

Letenské sady 341, 170 00 Praha 7 • Tram: Čechův most (1, 8, 12, 17) und zu Fuß durch den Park Letenské sady • +420 233 37 82 00 • www.letenskyzamecek.cz • Mo–Fr 16–23, Sa, So 12–23 Uhr

Generation Zeitensprung

Das Nachtleben der tschechischen Hauptstadt hat längst Anschluss an die aktuelle europäische Clubszene gefunden. Während sich in den angesagten Locations prominente DJs die Klinke in die Hand geben, haben sich in Prag aber auch noch Läden aus uralten Schüler- und Studentenzeiten gehalten.

Im ehemaligen Arbeiterviertel Holešovice bestimmen restaurierte Backsteinbauten und Fabrikhallen das Geschehen. Das Szeneviertel der Alternativen, Kreativen und Kulturinteressierten beherbergt auch den heißesten Prager Club: das SaSaZu. Unter der Woche verwandelt es sich in eine gern gebuchte Event-Location für Konzerte, Fashion-Shows oder Firmenpräsentationen. An den Wochenenden tanzen auf mehreren Stockwerken bis zu 2500 Leute durch die Riesendisco, die früher mal ein Schlachthof war.

Viele Prager Clubs logieren in alten Kellergewölben. Das Techtle Mechtle in Vinohrady, das Roxy im ehemaligen Kellerkino auf der Dlouhá und den Lucerna-Palast kennen viele Stadtbewohner noch aus ihrer Schulzeit. Auf einer Riesenleinwand laufen hier nostalgische 1980er-Jahre-Clips von Alphaville bis Simple Minds. Vieles erinnert an alte Studentenzeiten, mit einem Publikum entschieden über 30. Von gestylten Tussies keine Spur.

Um denen zu begegnen, muss man sich über die Dächer des Wenzelsplatzes ins Duplex begeben. Hier feierte schon Rolling-Stones-Sänger Mick Jagger vor einigen Jahren seinen Geburtstag. Prag goes Hollywood ist sicher nicht jedermanns Geschmack. Die schicke und coole Szene geht da schon lieber in die Buddha Bar, um zu Chill-out-Musik unter den toleranten Augen eines Riesen-Buddhas abzuhängen.

Der Norden

Übernachten

Im Norden wirkt alles rauer, staubiger und ungeordneter. Auch wenn sich der Stadtteil Holešovice immer mehr zum Ausgeh- und Künstlerviertel entwickelt, sieht man ihm seine Vergangenheit als Arbeiter-, Fabrik- und Schlachthofviertel immer noch an. Im Norden übernachten deshalb auch nur wenige Touristen, es sei denn, sie wollen direkt vom Feiern in die Betten fallen. Aus diesem Grund gibt es hier vorwiegend preisgünstige Hostels und Privatunterkünfte für junge Leute sowie Großraumhotels, die noch Relikte aus altsozialistischer Vergangenheit sind.

✻ Absolutum Boutique Hotel

Das vor kurzem renovierte Hotel hat 38 **moderne und komfortabel eingerichtete Zimmer** mit Backsteinwand, Marmorbad und Fußbodenheizung. Im Haus gibt es ein Wellness-Studio, ein Restaurant mit Kamin und Aquarium und einen Konferenzraum. Gut zu erreichen sind vom Hotel aus das Schloss Troja, der Zoo und der Botanische Garten.

Jablonského 639/4, 170 00 Praha 7 ▪ Tram: Nádraží Holešovice (5, 12, 14, 15) ▪ +420 2 22 54 14 06 ▪ www.absolutumhotel.cz ▪ DZ ab 1350 CZK

✻ Crowne Plaza Prague

Der **pompöse Hotelbau** entstand einst im Zeichen des sozialistischen Realismus und steht inzwischen auf der Liste der Kulturdenkmäler. Von Einheimischen damals als »Traum eines verrückten Konditors« verspottet, war das 14-stöckige Hochhaus ein Symbol der Republik und 1957 mit 254 Zimmern und 18 Konferenzräumen das größte Hotel Tschechiens. Das in den 1990er-Jahren modernisierte Mobiliar ahmt den

Don't miss

Einen Schlafsaal mit eigenem Bad und kostenlosem, gefüllten Kosmetiktäschchen nur für Mädels, zu haben im Plus Prague Hostel. Nur weil man als Backpacker unterwegs ist, muss man noch lange keine Abstriche beim Style machen.

Stil der 1950er-Jahre nach und ist selbst ein wenig in die Jahre gekommen.

Koulova 15, 16045 Praha 6 • Tram: Podbaba (5, 8), Bus (107, 116, 147, 160) • +420 2 96 53 71 11 • www.crowneplaza.cz • DZ ab 1575 CZK

✶ Hotel Belvedere

Das **gediegene Hotel** mit 151 in Braun- und Ockergelb-Tönen gehaltenen Zimmern, die zum Teil auch Holzfußböden haben, liegt in der Nähe der Parks Stromovka und Letná. Es gibt ein japanisches Restaurant im Haus und eine Lobbybar. In einer zehnminütigen Straßenbahnfahrt erreicht man die Burg, fünf Fahrminuten sind es zum Zoo und fünf Gehminuten zur Nationalgalerie.

Milady Horákové 19, 170 00 Praha 7 • Tram: Kamenická (26) • +420 2 20 10 61 11 • www.hotel belvedereprague.cz • DZ ab 1825 CZK

✶ Parkhotel Praha

Das Parkhotel mit seiner Glas- und Beton-Architektur stammt unübersehbar noch aus sozialistischer Vorwendezeit. Es liegt in der Nähe des Messezentrums und ist ein **klassisches Tagungshotel**. Auf zehn Stockwerken verteilen sich 237 klimatisierte Zimmer sowie Restaurants und Tagungsräume. Es gibt kostenfreien Internetzugang und einen Wellness-Center.

Veletržní 1502/20, 170 00 Praha 7 • Tram: Veletržní Palác (12, 17) • +420 2 25 11 71 11 • www.parkhotel-praha.cz • DZ ab 1225 CZK

✶ Plus Prague Hostel

Stundenlanges Schlangestehen vor den Waschräumen gehört hier der Vergangenheit an. Jedes Zimmer (EZ, DZ) und jeder Schlafraum (Vier-, Sechs- oder Achtbett-Zimmer) hat ein eigenes Bad. Für Mädels bietet das **Hostel** einen reinen Frauenschlafraum und sie bekommen ein Kosmetiktäschchen mit Inhalt geschenkt. Große flauschige Badetücher und Haartrockner gehören zum Standard. Nach einem langen Tag kann man in der Sauna oder im Schwimmbad relaxen. Danach geht's ins hauseigene Restaurant, in die Late-Night-Bar oder die Chill-out-Zone.

Privozni 1, 170 00 Praha • Tram: Ortenovo náměstí (12) • +420 2 20 51 00 46 • www.plushostels.com/plusprague • Schlafsaal ab 200 CZK/Person, DZ ab 439 CZK

Prag von A bis Z

Anreise

→ Mit dem Auto nach Prag

Aus Richtung Berlin und Dresden nach Prag über die E55/A17 (Grenzübergang Zinnwald/Cínovec); aus Richtung München oder Nürnberg über Pilsen E50/A93 (Grenzübergang Waidhaus/Rozvadov); aus Wien auf der D1 über Brünn (Brno).

Auf Autokarten sind die Straßen in Tschechien mit Buchstaben gekennzeichnet: D für Autobahnen, R für Schnellstraßen und S für normale Straßen. PKWs müssen für die Autobahn eine Vignette haben, die man an jeder Tankstelle kaufen kann. Das Tempolimit auf Autobahnen liegt bei 130 km/h, auf Landstraßen bei 90 km/h. Viele Einbahnstraßen, holpriges Kopfsteinpflaster, tiefliegende Kanaldeckel und eine miserable Parkplatzsituation bringen insbesondere auswärtige Fahrer regelmäßig zum Verzweifeln. Neue und teure Wagen sollten nicht über Nacht im Freien stehen! Besser in der Hotelgarage parken! Alle Ziele sind leicht mit den öffentlichen Verkehrsmitteln zu erreichen und das Taxifahren ist günstig.

→ Mit der Bahn

Von Berlin fahren im Zwei-Stunden-Takt Züge nach Prag (Fahrzeit 4,5 Std.). Von Frankfurt, Hamburg und München gibt es mehrmals täglich Verbindungen (Fahrzeit ca. 6,5 Std.). Hlavní nádražní, Wilsonova, ist Prags Hauptbahnhof (www.cd.cz/de).

→ Mit dem Bus

Seit der Liberalisierung des Busfernverkehrs haben zahlreiche Privatanbieter günstige Busfahrten im Angebot: von Berlin (Fahrtzeit 4,5 Std.), von Frankfurt (7,5 Std.), von München (5 Std.). Internationale Busse kommen am Hauptbusbahnhof Florenc, Křižikova, östlich des Stadtzentrums an.

→ Mit dem Flugzeug

Direktflüge aus Deutschland zum Teil mehrmals täglich ab Düsseldorf (Lufthansa, ČSA), Frankfurt (LH, ČSA), Hamburg (ČSA), Köln (Germanwings), München (LH), Stuttgart (ČSA). Aus Österreich ab Wien (Austrian) und aus der Schweiz ab Basel (Swiss), Genf (ČSA, Swiss) und Zürich (Swiss). Die Flugzeit beträgt im Schnitt ca. 1,5 Std.

Der größte und wichtigste tschechische Flughafen ist der internationale Flughafen in Prag-Ruzyně, der seit 2012 Letiště Václava Havla Praha (Václav Havel Flughafen Prag) heißt (www.csl.cz/en). Die Entfernung ins Stadtzentrum beträgt 20 km.

Ärztliche Hilfe

Der medizinische Hilfsdienst Doctor Health Centre Prague entspricht westlichen Standards und ist 24 Stunden telefonisch erreichbar: Tel. +420 6 03 43 38 33, +042 603 48 13 61, www.doctor-prague.cz, Vodickova 28, 110 00 Praha 1, 3. Eingang, 2. Stock, Metro: Mustek (A, B), Muzeum (C)

Auskunft für Touristen

Tschechische Tourismusbüros des Prager Informationsdienstes (PIS):
→ Altstädter Rathaus, Staroměstské náměstí 1, 110 00 Praha 1 – Staré Město, tgl. 9–19 Uhr
→ Kleinseitner Brückenturm (nur in der Sommersaison), Mostecká, 110 00 Praha 1, Malá Strana, tgl. 10–18 Uhr
→ Flughafen Prag, Příletová hala, Terminál 2, 160 08 Praha 6, tgl. 8–20 Uhr
→ Rytírská-Straße 31, Rytířská 31, 110 00 Praha 1 – Staré Město, Mo–Sa 10–18 Uhr
→ Hauptbahnhof (Eingangshalle), Wilsonova 8, 120 06 Praha 2, wegen Renovierung des Bahnhofs vorübergehend geschlossen
www.praguewelcome.cz, eshop.praguewelcome.cz, tourinfo@prague.eu, uts@prague.eu

In Deutschland, zuständig auch für Österreich und die Schweiz:
→ Tschechische Zentrale für Tourismus –
CzechTourism, Wilhelmstraße 44, 10117 Berlin,
0 30/2 04 47 70, www.czechtourism.com, berlin@czechtourism.com

Behinderte Menschen

Vor allem für körperlich behinderte Menschen ist Prag nicht unbedingt ein empfehlenswertes Reiseziel. Das Vorankommen ist besonders im Zentrum und an der Burg wegen des vorherrschenden Kopfsteinpflasters sehr mühsam. Unter www.praguewelcome.cz/de/ sehenswertes/prag-fur-sie/prag-barrierefrei/ ist aufgelistet, welche Gebäude über Einrichtungen für Rollstuhlfahrer verfügen.

Botschaften

→ **Deutsche Botschaft Prag**
Vlašská 19, 118 01 Praha 1, Tram: Malostranské náměstí, (12, 20, 22),
+420 2 57 11 31 11, www.prag.diplo.de/Vertretung/prag/de/Startseite.html,
Mo–Do 8–17, Fr bis 15 Uhr

→ **Österreichische Botschaft Prag**
Viktora Huga 10, 15115 Prag 5, Metro: Anděl (B), +420 2 57 09 05 11,
www.bmeia.gv.at/botschaft/prag, Mo–Fr 8.30–16.30 Uhr

→ **Schweizer Botschaft Prag**
Pevnostni 7 (Eingang via Delostrelecka ul.), 162 01 Prag 6, Metro: Dejvická (A),
+420 2 20 40 06 11, www.eda.admin.ch/prag, Mo–Fr 9–12 Uhr

Einreisebestimmungen

Bürger der EU-Länder und der Schweiz können mit gültigem Reisepass oder
Personalausweis einreisen und sich bis zu drei Monate ohne Visum im Land
aufhalten.

Essen und Trinken

Die tschechische Küche zeichnet sich durch ein großes Verwandtschaftsverhältnis
zu den kulinarischen Deftigkeiten Österreichs und Süddeutschlands
aus. Zu den Klassikern zählen Knödel, Schmorbraten, Gulasch und
Strudel. Vielfach prägt auch internationale Küche die klassischen
Touristenmenüs, aber die tschechische Traditionsküche findet
allmählich in leichterer Zubereitung wieder ihren Platz auf den
Speisekarten. Die Prager trinken gern das Bier (Pivo) aus den
zahlreichen Kleinbrauereien.

Feiertage

Die offiziellen Feiertage in Tschechen entsprechen nur etwa zur Hälfte denen in
Deutschland. Es sind: Neujahr (1. Jan.), der variable Ostermontag, der Tag der
Arbeit (1. Mai), der Tag der Befreiung vom Faschismus (8. Mai), der Tag der slawi-
schen Glaubensboten Kyrill und Method (5. Juli) sowie der Todestag von Jan Hus (6.
Juli) und der des heiligen Wenzel (28. Sept.), der Tag der Entstehung eines selbst-
ständigen tschechoslowakischen Staates (28. Okt.), der Tag des Freiheits- und
Demokratiekampfes (17. Nov.) sowie Weihnachten (25. und 26. Dez.). Die Sommer-
ferien dauern in der Tschechischen Republik von Anfang Juli bis Ende August.

Hotels

Die Prager Hotels sind nach Kategorien von fünf bis zwei Sternen bewertet, was einem landestypischen, aber keinem internationalem Standard entspricht. Im gesamttschechischen Vergleich ist Prag am teuersten. Dagegen sind im europäischen Vergleich zu Hauptstädten wie Paris oder London Luxushotels in Prag noch relativ preiswert.

Knigge

Der gesellschaftliche Umgang ähnelt dem in anderen westeuropäischen Ländern. Wer »guten Tag« (dobrý den), »bitte« (prosím), »danke« (děkuji oder kurz díky) oder »auf Wiedersehen« (aa shledanou) auf Tschechisch sagen kann, kommt charmanter und leichter voran, selbst wenn einige Tschechen gut Englisch und Deutsch sprechen. Was man auf jeden Fall wissen sollte: »Prost« heißt »na zdraví« und ist nicht zu verwechseln mit dem russischen »nazdarovje«. Man sollte nie von Tschechei sprechen (Nazi-Deutsch). Richtig ist: Tschechien. Ganz korrekt: Tschechische Republik.

Notruf

Notruf allgemein: 112
Polizei: 158
Rettungsdienst: 155
Feuerwehr: 150

Öffentlicher Nahverkehr

Prag hat drei U-Bahnlinien – die grüne (A), die gelbe (B) und die rote (C) Metro. Mit Straßenbahn und Bus erreicht man auch Ziele jenseits des Metronetzes. Die Metro fährt täglich von 5–24 Uhr. Nachts fahren Nachtstraßenbahnen und -busse, aber besser ist man mit dem Taxi unterwegs. Linienbusse verbinden den Prager Flughafen sowohl mit der Metro als auch mit dem Stadtzentrum. Die Fahrt von einer Metroendstation ins Stadtzentrum nimmt weniger als 30 Minuten in Anspruch. Die deutschsprachige Website der Prager Verkehrsbetriebe Dopravní podnik lautet www.dpp.cz.
Fahrkarten können in Metrostationen, an Zeitungskiosken, Straßenautomaten, in Informationszentren des städtischen Nahverkehrs oder in Hotels erworben werden.

Öffnungszeiten

→ **Läden**
Die meisten Geschäfte sind an Arbeitstagen von 8 oder 9 bis 18 oder 19 Uhr geöffnet, größere Geschäfte bis 20 oder 21 Uhr, zum Teil sogar sonntags. Manche Vietnamesenläden sind 24 Stunden geöffnet. Auch viele Einkaufszentren sind meistens sieben Tage pro Woche bis 21 Uhr geöffnet.

→ **Banken und Behörden**
sind gewöhnlich an Arbeitstagen von 9–16 Uhr geöffnet. Der Zugang zu Geldautomaten ist 24 Stunden pro Tag gewährleistet.

→ **Burgen und Schlösser, Museen und Galerien**
Kernöffnungszeiten 10–17 Uhr. Montags ist häufig geschlossen. In diesem Buch sind die Öffnungszeiten im Sommerhalbjahr von April bis September angegeben. Die Winteröffnungszeiten fallen in der Regel verkürzt aus, vereinzelt sind dann manche Sehenswürdigkeiten sogar ganz geschlossen.
Die Prague City Card ab 580 CZK bietet kostenfreien oder ermäßigten Eintritt für mehr als 40 Touristenattraktionen sowie Rabatte bei Einkäufen und in Restaurants (www.praguecitycard.com).

Reisezeit

Beliebteste Reisezeiten sind Frühling und Herbst. In den heißen Sommermonaten fahren manchmal Tankwagen durch die Straßen und versprühen zur Kühlung und Staubbindung Wasser. Im Winter wirkt Prag durch Nebel und Regen (selten Schnee) mystisch und schwermütig. In der Tschechischen Republik gelten die Winter- und Sommerzeit, also MEZ und MESZ.

Sicherheit

Prag ist im Großen und Ganzen eine sichere Großstadt, in der Gewaltverbrechen selten sind. Auf Wertsachen sollte man wie in anderen Großstädten achten, besonders im Gedränge. Die wichtigsten Dokumente im Hotelsafe lassen! Frauen können in Prag problemlos alleine unterwegs sein. Die meisten Sehenswürdigkeiten liegen im Zentrum und sind leicht zu Fuß zu erreichen. Abends sind allerdings viele Seitenstraßen schlecht beleuchtet. In den Sommermonaten sollten Frauen am späten Abend den Wenzelsplatz meiden, weil dort bisweilen Prostituierte ihre Runden machen.

Sightseeingtouren

→ Zu Fuß

Über den Prager Informationsdienst (PSI) kann man autorisierte, deutschsprachige Guides je nach Interessengebiet individuell buchen (siehe Auskunft für Touristen). Themenspezifische Spaziergänge zu Mode, Jugendstil, Pubs, Geistern u. a. veranstaltet Prague Walks, +420 2 22 32 23 09, +420 6 08 97 33 90, http://praguewalks.com

→ Mit dem Bus

Komfortabel ist eine Citytour mit dem HopOn-HopOff-Bus, wo man jeder Zeit aus- und wieder einsteigen kann, wenn man eine Sehenswürdigkeit besichtigt hat. Es werden vier verschiedene Stadttouren und eine Bootsfahrt angeboten (www.hopon-hopoff.cz, 24-Std.-Ticket ab 600 CZK).

→ Mit der Trambahn 22

Die Straßenbahnlinie 22 gehört zum öffentlichen Nahverkehr und fährt an den wichtigsten Sehenswürdigkeiten der Stadt vorbei: Nationaltheater, Nikolaus-Kirche, Wallenstein-Gärten, Petřín, hinauf zur Burg und weiter zu den Klöstern Strahov und Břevnovský. Tagsüber verkehrt die 22 alle fünf bis zehn Minuten und kostet für 90 Minuten nur 32 Kronen.

→ Mit dem Schiff

Auf der Moldau werden von April bis Oktober verschiedene Tagesausflüge, Abend-, Dinner- und Disco-Touren ab ca. 240 CZK angeboten (Prager Dampfschifffahrtsgesellschaft, PPS, +420 2 24 93 00 17, www.paroplavba.cz oder Evropská vodní doprava, +420 2 24 81 00 30, www.evd.cz).

→ Mit dem E-Bike

Prag ist nichts für gemütliche Freizeitradler. Es gibt kaum Radwege, viel Kopfsteinpflaster, steile Gassen und viele Hügel. Da empfiehlt sich ein E-Bike mit GPS, das man auch als Guide zu den wichtigsten Sehenswürdigkeiten benutzen kann (I Like E-Bike, +420 6 04 47 45 46, www.ilikeebike.com, Ausflüge ab 975 CZK, oder Prague By E-Bike, +420 6 03 99 33 93, www.praguebyebike.com, 990 CZK/3 Std.)

→ Mit dem Segway

Mit dem Segway kann man auf bequeme und umweltfreundliche Weise auch die hügelige Stadt erkunden und muss nicht einmal treten, +420 2 66 71 03 00, www.segway.cz, 500 CZK mit GPS-Guide oder +420 7 31 23 82 64, www.segway-fun.eu, 1000 CZK für 1 Std. mit Guide.

→ Mit dem Oldtimer

Die historische Stadt lässt sich auf verschiedenen Routen auch stilvoll in Oldtimercabrios aus den 1930er-Jahren erkunden. Eine ca. 40-minütige Tour für bis zu vier Personen kostet je nach Route ab 1200 CZK, +420 6 03 52 17 00, www.3veterani.cz oder +420 7 76 82 98 97, www.historytrip.cz.

Souvenirs

Zu den beliebtesten tschechischen Souvenirs zählen traditionelles Kunsthandwerk wie Glaskunst, Porzellan, Granat-, Bernsteinschmuck, Holzmarionetten und jahreszeitlich angebotene Produkte wie Christbaumschmuck und handbemalte Ostereier. Auch in Kunstgalerien und Antiquitätengeschäften kann man fündig werden. Beliebt sind auch kulinarische Mitbringsel wie der Kräuterlikör Becherovka, Honigwein, Slivovitz oder süße Oblaten.

Sprache

Für die Amtssprache Tschechisch sind die zahlreichen Akzente typisch und unabdingbar. Das Weglassen von Akzenten im Schriftverkehr kann zur Änderung der Wortbedeutung führen. In der Regel kommt man mit Englisch, Deutsch oder Russisch gut voran.

Taxi

Taxifahren in Prag ist im Vergleich zu anderen europäischen Großstädten sehr günstig. Im Schnitt kostet eine zehnminütige Stadtfahrt einschließlich Steuern zwischen 90 und 120 CZK. Empfehlenswert sind nur lizenzierte Taxis von rund um die Uhr fahrenden Unternehmen wie AAA, City Taxi, Halotaxi, Profitaxi. Listen zu den offiziellen Taxiständen mit einem gelben »Taxi FairPlace«-Schild bekommt man bei der Prager Touristeninformation. Bei nicht lizenzierten Taxis kann bisweilen der Taxameter manipuliert sein. Dagegen müssen lizenzierte Taxis neben einer Leuchte auf dem Dach und einem offiziellen Taxischild auf den beiden Vordertüren auch Registriernummer, Firmennamen und Preisliste haben. Das Taxameter muss eingeschaltet sein und auf Anfrage eine Quittung ausgestellt werden. »Bitte geben Sie mir eine Quittung« heißt »Prosím, dejte mí potvrzení«.

Telefon und Internet

Die internationale Ländervorwahl von Prag ist +420. Handys mit deutschem Netz funktionieren auch in Tschechien problemlos. Der Preis für Anrufe wird per Minute berechnet und variiert je nach Anbieter. Anrufe in andere Mobilfunknetze sind teurer. Mit Notebook oder Smartphone kann man ganz einfach über WLAN in Restaurants, Cafés oder Hotels ins Internet. (WLAN) ist in Prag weit verbreitet.

Trinkgeld
Im Restaurant oder bei Taxifahrten wird für gewöhnlich nur geringfügig aufgerundet. Für gute Leistungen sind aber 5–10 % Trinkgeld angemessen.

Trinkwasser
Der Genuss von Leitungswasser ist unbedenklich. Mineralwasser ist preiswert und überall zu kaufen.

Veranstaltungen
Wenn man mehr als einen Tag in der Stadt ist, lohnt es sich, die in englischer Sprache jeden Mittwoch erscheinende Prague Post zu erwerben. Für Touristen ist besonders die Beilage Night & Day interessant: ein komplettes Wochenprogramm mit Ortsangaben von Oper bis zu Jazzkonzerten. Gute Veranstaltungshinweise bieten auch die in Infostellen und Hotels kostenlos ausgelegten Broschüren und Flyer.

Währung und Zahlungsmittel
Die offizielle Währung von Tschechien ist die tschechische Krone (Koruna Česká, internationale Abkürzung CZK). Es gibt Münzen im Wert von 1, 2, 5, 10, 20, 50 CZK und Banknoten im Wert von 50, 100, 200, 500, 1000, 2000, 5000 CZK. Für einen Euro erhält man ca. 25 Kronen (Stand: 2014). Die tschechische Krone ist das einzige Zahlungsmittel. Der Beitritt zur Eurozone wurde auf 2020 verschoben. Nur wenige Geschäfte, Restaurants und Hotels akzeptieren Euro als Barzahlungsmittel und das meist nicht zum besten Umtauschkurs. Die führenden Kreditkarten werden in allen großen Geschäften, Restaurants und Hotels akzeptiert. Am besten ist es, Bargeld an einem der zahlreichen Geldautomaten zu ziehen. Wechselstuben verlangen oft zwar keine Kommissionen, sind aber wegen des schlechten Wechselkurses oft nicht zu empfehlen. Auch sollte man nie Geld auf der Straße tauschen.

Register

Straßennamen

Alšovo nábřeží 21
Arbesovo náměstí 107
Atrium Flora 124

Balbínova 136
Bartolomějská 39
Bělehradská 123, 127, 139
Belgická 127
Benediktská 27
Bubenské nábřeží 156, 172
Budečská 139

Čechova 160
Čechův most 41
Celetná 22, 24
Charlese de Gaulla 156
Chvalova 122
Cihelná 53
Císařská Louka 110
Čs. Armády 75

Dělnická 168
Dlouhá 18, 26, 33, 42
Dukelských Hrdinů 151, 154, 156, 159, 165
Dušní 25, 36

Fibichova 118
Francouzská 140, 143

Haštalská 32
Havlíčkovy sady 121
Heřmanova 161, 168
Hradčanske Náměstí 56
Hradčany 65
Husova 34
Hybernská 133, 140, 144

Ibsenova 124

Italská 139

Jablonského 164, 174
Jáchymova 26
Jagellonská 130
Jakubská 40 f., 44
Jana Zajíce 158
Janáčkovo nábřeží 105
Jankovcova 157
Janovského 170
Jánský vršek 60, 78
Ječná 91
Jilská street 38
Jindřišská 107
Jiráskovo náměstí 89
Jiřího z Podě brad 123
Josefská 63, 73
Jugoslávská 123, 130, 132
Jugoslávských partyzánů 162
Jungmannova 93, 101

Kaprova 45
Karlův most 21
Karlovo náměstí 84
Karmelitská 56, 59, 75
Karolíny Světlé 30, 46
Ke Karlovu 120
Ke Sklárně 106
Klimentská 145
Královská obora 162, 165
Křemencova 100
Kříženeckého nám. 85
Křižíkova 130
Křižovnická 21
Komunardů 157 ff.
Koulova 175
Kubelíkova 139

Lázeňská 60, 63
Legerova 137
Lesnická 90

Letenská 70, 72, 78
Letenské náměstí 155
Letenské sady 161, 164, 172
Letohradská 169
Liborova 61
Liliová 34, 40
Lublaňská 138

Mahlerovy sady 116, 145
Maiselova 24 f.
Malostranské náměstí 54, 65
Maltézské náměstí 63, 66
Mánesova 137
Markétská 64
Masarykovo nábřeží 103
Masná 37, 42
Melantrichova 22, 27, 34, 40
Melounova 145
Mezibranská 92
Michalská 42
Milady Horákové 157, 160, 166, 169, 175
Míšeňská 65, 75
Mosaic House Odborů 110
Mostecká 59, 70

Na Bojišti 98
Na Hrázi 129
Na Hutích 162
Na Pankráci 110
Na Perštýně 27, 34, 46
Na Poříčí 118, 120, 128, 134, 144
Na Příkopě 30, 85, 125
Na výšinách 172
Nábřeží Edvarda Beneše 152
Nad Královskou oborou 162
Nad Ohradou 143
Nádražní 104, 107
Náměstí Jiřího z Poděbrad 129

Register

Náměstí Míru 128
Náměstí Republiky 125
Náplavka – Rašínovo
  nábřeží, 91
Národní 32, 85, 86, 98
Národní obrany 61
Národní třída 107
Nebovidská 77
Nerudova 54, 70, 77
Nosticova 62, 70
Novotného lávka 22, 33

Opletalova 129
Ostrov Štvanice 166
Ostrovní 92
Ovocný trh 20, 22, 27, 31

Panská 136, 144
Pařížská 20, 24, 40
Petřínské sady 55, 69
Pivovarska 88
Plaská 64, 74
Plynární 169
Plzeňská 94
Pobřežní 128, 138
Pod Bruskou 69, 77
Politických vězňů 133
Poupětova 150, 155, 160
Privozni 175
Purkyňova 92

Radlická 109
Riegrovy sady 140
Rooseveltova 166
Rybná 45
Rytířská 42

Sabai Černá Růže
  Panská 134

Sázavská 129
Seifertova 138
Senovážné náměstí
  123, 142
Široká 16, 20, 32
Školská 100
Škrétova 133
Škroupovo náměstí 130
Slezská 130
Slovanský Ostrov 37, 102
Šmeralova 161, 170, 172
Smetanovo nábřeží 31, 42
Sokolovská 134
Soukenická 133
Spálená 97
Srbská 75
Staroměstské náměstí 17 f.,
  37, 46
Štefánikova 109
Štěpánská 93, 94, 99
Strahovské Nádvoří 53, 78
Střelecký Ostrov 66
Strossmayerovo
  náměstí 155
Stroupežnického 108
Štulcova 100
Štupartská 27

Tovární 165
Tržiště 59, 64, 73, 76
Týn 37
Týnská 33, 39, 46

U Lužického Semináře
  58, 61
U Obecního domu 45
U Památníku 117
U Plovárny 74
U Průhonu 170

U Rajské zahrady 123
U Sovových mlýnů 53, 61
U Trojského zámku 152
U Zvonařky 132, 134, 144
Újezd 73 f.
Úvoz 66

V Celnici 34
V Jirchářích 91
V Kolkovně 27, 41
V Pevnosti 88
Václavské Náměstí 37, 86,
  89, 92, 97, 99, 105 f.
Valdštejnská 66
Valdštejnské náměstí
  55, 60
Valentinská 26, 60
Veleslavínova 44
Veletržní 175
Velkopřevorské náměstí, 52
Verdunská 155
Vinohradská 121, 123, 125,
  127, 140
Vinohrady Vinohradská 126
Vítězná 64
Vladislavova 97
Vlašská 54, 68
Vodičkova 92 ff., 96, 99,
  103, 105
Vyšehrad Vratislavova 101
Vyšehradská 101
Výstaviště 151

Washingtonova 36, 143
Wilsonova 86, 117

Za C.sařským mlýnem 166
Železná 39
Žitná 103

Register 187

Sehenswürdigkeiten

Alter Jüdischer Friedhof 16
Altstädter Brückenturm 21
Altstädter Rathaus 17
Altstädter Ring 17
Astronomische Uhr 17

DOX-Zentrum 150

Fernsehturm 116
Filmstudios Barrandov 85

Galerie Dvorak Sec
  Contemporary 18
Gemeinde- oder Repräsen-
  tationshaus 18

Hauptbahnhof 117
Haus zur Schwarzen
  Madonna 20
Havlíčkovy-Park 121

Image Theater 20
Industriepalast 150

Jan-Žižka-Reiterdenk-
  mal 117

John-Lennon-Mauer 52
Jüdische Synagogen 20
Jüdischer Friedhof
  Žižkov 117

Karlsbrücke 21
Karlsplatz 84
Kaufhaus Weißer Schwan 118
Kleinseitner Ring 52
Klementinum 21
Kloster Strahov 53

Lapidarium 151
Laterna Magika 85

Messepalast 151
Metronom im Letná-
  Park 151
Museum Antonín
  Dvořák 118
Museum der Stadt Prag 120
Museum des Kommunis-
  mus 85
Museum Franz Kafka 53
Museum Kampa 53

Nationalmuseum 86
Nationaltheater 86

Neruda-Gasse 54
Nikolaus-Kirche 54

Olšany Friedhof 121

Palais Lobkowitz 54
Palais Wallenstein 55
Petřín 55
Prager Burg 55

Rudolfinum 21

Schloss Troja 152
Sex-Machines-Museum 22
Smetana-Museum 22
St. Maria Victoria 56
St. Peter und Paul 88
St.-Veits-Dom 56
Staatsoper 86
Ständetheater 22
Staropramen 88

Tanzendes Haus 89
Tyn-Kirche 22

Wenzelsplatz 89

Zoo Prag 152

Impressum

Verantwortlich: Dorothea Sipilä
Illustrationen: Cornelia Seelmann, Berlin
Redaktion: Petra Sparrer, Köln
Projektmanagement: Birgit Günther, Utting am Ammersee
Layoutkonzept und Umschlaggestaltung: coverdesign uhlig, Augsburg
Layout und Satz: VerlagsService Gaby Herbrecht, Mindelheim
Repro: Repro Ludwig, Zell am See
Kartografie: Huber Kartographie, München
Herstellung: Barbara Uhlig
Gesamtherstellung: Verlagshaus GeraNova Bruckmann

⭐⭐⭐⭐⭐

Sind Sie mit diesem Titel zufrieden? Dann würden wir uns über Ihre Weiterempfehlung freuen.
Erzählen Sie es im Freundeskreis, berichten Sie Ihrem Buchhändler, oder bewerten Sie bei Onlinekauf.
Und wenn Sie Kritik, Korrekturen, Aktualisierungen haben, freuen wir uns über Ihre Nachricht an Bruckmann Verlag, Postfach 40 02 09,
D-80702 München oder per E-Mail an lektorat@verlagshaus.de.

Unser komplettes Programm finden Sie unter [www.bruckmann.de]

Umschlagrückseite: Prunk in der Buddha Bar (Buddha Bar)

Bildnachweis: S. 17: Shutterstock/Ivanov, E., S. 18: Shutterstock/evp82, S. 21: Shutterstock/Titov, V. & Sidelnikova, M., S. 23 u.: Shutterstock/Siemieniec, R., S. 23 o.: Shutterstock/Ivaysyuk, R., S. 25: Artĕl, S. 27: Shutterstock/Milosz_M, S. 28: MANUFAKTURA, S. 31: Grand Café Orient, S. 33: Maitrea/Renĕ Jakl, S. 37: Pivní lázně Bernard, S. 39: Shutterstock/Gvozdikov, A., S. 41: Buddha-Bar, S. 43 o.: Roxy, S. 43 u.: K. U. Bar Lounge, S. 45: Hotel Paříž, S. 47 o., 47 u.: The Mark, S. 53: Shutterstock/Bledowski, M., S. 55: Shutterstock/Emka74, S. 56: shutterstock/sbego, S. 59: Kunst-komora, S. 63: Wine Food Market, S. 63: Altany Kampa/Petr Vopelak, S. 65: Pälffy Palāc, S. 69: Segway Experience, S. 71 o.: Shutterstock/Rrrainbow, S. 71 u.: Buddha-Bar, S. 73: Shutterstock/JazzBoo, S. 74: Shutterstock/Iozzi, D., S. 77: Aria Hotel, S. 78: Residence Monastery, S. 86: Shutterstock/Hora, N., S. 88: Shutterstock/Arkady, C., S. 89: Shutterstock/ELEPHOTOS, : S. 91: Shutterstock/Radiokafka, S. 93: Le Patio Concept store, S. 97: Bageterie Boulevard, S. 98: Shutterstock/ilolab, S. 101: Pivovar a restaurace U Fleků, S. 103: Shutterstock/Faukner, J., S. 105: Duplex, S. 104: Reduta Jazz Club, S. 109: Shutterstock/pio3, S. 110: Angelo, S. 111: Mosaic House/Martin Malý, S. 117: Shutterstock/BESTWEB, S. 118: Shutterstock/josefkubes, S. 120: Shutterstock/ Hanus, J., S. 125: Hard-De-Core/Petr Bakos, S. 127: Café Imperial, S. 128: Bio Zahrada, S. 133: Hotel Paris, S. 135: Shutterstock/jbor, S. 137: Fusion Hotel, S. 138, 141: Retro Music Hall, S. 143: Fusion Hotel, S. 144, 145: Imperial, S. 151: Shutterstock/ PHB.cz (Semik, R.), S. 152: Shutterstock/dnaveh, S. 153 o.: Shutterstock/Ionia, S. 153 u.: Shutterstock/Radiokafka, S. 155: Mandarin Oriental, S. 156: Shutterstock/ Arkady, C., S. 159: Shutterstock/Hanus, J., S. 160: Shutterstock/ Radiokafka, S. 161, 163: Letenský zámeček, S. 169: Mecca Club, S. 171 o.: Shutterstock/Radiokafka, S. 171 u.: Mecca Club.

Die Deutsche Nationalbibliothek verzeichnet diese Publikation in der Deutschen Nationalbiblio-grafie; detaillierte bibliografische Daten sind im Internet über http://dnb.d-nb.de abrufbar.

© 2015, Bruckmann Verlag GmbH, München

ISBN 978-3-7654-8726-2

In gleicher Reihe erschienen

ISBN 978-3-7654-6820-9

ISBN 978-3-7654-8233-5

ISBN 978-3-7654-8725-5

ISBN 978-3-7654-6808-7

ISBN 978-3-7654-8232-8

ISBN 978-3-7654-8726-2